Heinrich Smidt

Jan Blaufink oder See und Theater

2. Band

Heinrich Smidt

Jan Blaufink oder See und Theater
2. Band

ISBN/EAN: 9783744681889

Hergestellt in Europa, USA, Kanada, Australien, Japan

Cover: Foto ©ninafisch / pixelio.de

Weitere Bücher finden Sie auf **www.hansebooks.com**

Jan Blaufink,

oder

See und Theater.

Eine hamburgische Erzählung

von

Heinrich Smidt.

Mit einer Vorgeschichte:

Die Comödie des Pfarrers.

Zweiter Band.

Das Recht der Uebersetzung in fremde Sprachen ist vorbehalten.

Berlin, 1864.
Verlag von Otto Janke.

Springfluth.

Frau Brammer stützte sich mit beiden Händen auf den Ladentisch und rief ihrem Manne zu, der hinter seinem Comptoirpult stand:

„Brammer, bedenke es wohl!"

„Ich habe es bedacht, Kind."

„Und? Was geschieht nun?"

„Wir fahren am Donnerstag nach Wandsbeck und kommen am Sonnabend nach Hause."

„Ich kenne Dich nicht wieder. Du, sonst so sparsam, geizig könnte man sagen, willst jetzt unbedachter Weise vierzig Mark ausgeben . . . ."

„Können fünfzig werden, Frau, wenn ich den Aufenthalt im Wirthshause mit veranschlage, das Hochzeitsgeschenk nicht gerechnet."

„Und in dieser Jahreszeit! Alle Tage Regen und Wind, daß man nicht weiß, wo aus, noch ein."

„Dafür nehmen wir eine zugemachte Kutsche, obgleich sie drei Mark mehr kostet, als ein offener Stuhlwagen. Auf einen solchen fahren die Bauern zur Hochzeit. Stadtleute kommen in der Kutsche. Müßte ich den Jungen nicht im Laden lassen, er sollte als Bedienter hinten aufstehen."

„Der Mann ist wie ausgewechselt!" sagte Frau Brammer.

„Aber nicht gegen falsche Schillinge!" entgegnete er mit einem schlauen Lächeln. „Es sind Verwandte von dem Bohnenberg, die sich heirathen. Sein Neffe kriegt die schöne Julie Lestang im Posthause. Die Kundschaft dieser frequenten Wirthschaft ist mir sicher und vielleicht locke ich den „schwarzen Bären" auch in mein Garn. Somit steht halb Wandsbeck in meinem Contobuch und Du wirst einsehen, daß die Reise zur Hochzeit eine Nothwendigkeit ist."

Herr Brammer sagte das mit einem so entschiedenen Ton, als ihm nur immer zu Gebote stand und seine Frau ergab sich seufzend in ihr Schicksal.

Am Bord der spiegelblanken Kuff „Vrouw Margarethe" fand zur selbigen Zeit ein Zwiesprach, wenn auch andern Inhaltes statt. Der Schiffer Hans Kramer ging das Verdeck auf und ab, musterte wohlgefällig sein Fahrzeug und sagte:

„Jantje, mein Junge, es ist Alles wohl auf am Bord und wir könnten ausklaren, wenn nicht der morgende Tag im Kalender schwarz angestrichen wäre."

„Was meint der Schiffer damit?" fragte Jan Blaufink, indem er den Lederlappen ausschüttete, mit welchem er die Nägelknöpfe in den Decksplanken blank scheuerte.

„Damit meine ich, daß wir neues Licht und somit eine Springfluth zu erwarten haben."

„Ihr wollt sie lieber im Hafen abwarten?"

„Das ist meine Absicht. Wenn aber die Springfluth einmal im Steigen ist, kann man nicht wissen, wie weit sie um sich greift und wie hoch sie steigt. Darum darf man alsdann nicht vom Schiffe gehen und muß Alles bereit halten, um Schaden zu verhüten."

„Das leuchtet mir ein, Schiffer!"

„Gut, mein Junge. Gehe also mit der Jolle an's Land und richte aus, was auf diesem Zettel geschrieben steht. Ist ein Auftrag für den Blockdreher und den Compaßmacher. Nachher bleibt Dir, denke ich, noch Zeit genug, Deine Mutter eine Minute lang anzupreien."

„Ihr seid ein guter Mann," sagte Jan Blaufink. „Schickt mich mit einem Zettel zum Blockdreher und zum Compaßmacher, obgleich ich nicht lesen kann, damit ich nur die Mutter noch ein Mal gesehen habe, wenn wir vielleicht unversehend's fortmüßten."

„Wer sagt Dir, daß ich es darum thue!" fuhr der Schiffer auf, der sich nicht gern in die Karte sehen ließ. „Du bist und bleibst ein Deutscher Muff."

„Ich bin und bleibe Euer treuer und dankbarer Jan Blaufink, der nun und nimmer vergessen wird, was Ihr für ihn gethan habt. Das ist vom Herzen herunter und nun steige ich allstunds in die Jolle und fahre an's Land."

„Ist ein guter Junge!" sagte der Schiffer, dem Jan wohlgefällig nachschauend, als dieser rasch davon ruderte. „Aber wenn wir erst wieder in Holland sind, soll er nicht wieder auf hier kommen. So ein junges Leben versauert zwischen diesen engen Planken; das gehört in dem Vortopp eines Dreideckers."

Jan war schnell bei der Hand. Als er seine Jolle sicher untergebracht hatte, ging er an seine Geschäfte. Der Blockdreher und der Compaßmacher entließen ihn mit dem Bedeuten, daß Alles wohl besorgt werden sollte, und Jungfer Mewes empfing ihn mit dem Ausrufe, ob der Unband noch immer nicht unter Segel sei? Frau Rosmarin umarmte den geliebten Sohn mit mütterlicher Zärtlichkeit und rief ihm tausend Segenswünsche nach, als er ihr zum Abschiede die Hand reichte.

„Der Weg, die Vorsetzen entlang, ist nicht länger, als jeder andere", sagte er zu sich selbst, als er auf der Straße anlangte. „Man kann nicht wissen, ob nicht . . . ."

Er sprach es nicht weiter aus, was hinter diesen „ob" verborgen lag, allein er steuerte geradesweges auf den Laden des Herrn Elias Brammer los und blieb, als er ihn in Sicht bekam, vor Verwunderung mit offenem Munde stehen.

Ein ungewohnter Anblick bot sich dar. Statt eines bepackten Handwagens, oder einer Schiebkarre hielt vor dem Eingange eine mit zwei starken Holsteinern bespannte Kutsche. Ein Koffer war hinten aufgebunden; ein anderer nahm das Dach derselben ein. In der Thür erschien Elias Brammer, hob seine Frau in den Wagen und schob sich selbst hinter drein. Der Ladenjunge klappte den Tritt in die Höhe, wünschte eine glückliche Reise und warf die Thür zu. Lene stand auf der Schwelle und sandte den Davonfahrenden Kußfinger nach.

In drei Sätzen war Jan Blaufink an Lenen's Seite und fragte in aller Hast:

„Was soll das bedeuten?"

„Die Aeltern fahren zur Hochzeit nach Wandsbeck."

„Dich haben sie nicht mitgenommen?"

„Nein! Ist mir auch nichts daran gelegen. Es sind nur Große da und langweilig ist es über die Maßen. Mutter sagte, es wäre nicht besser, als wenn Tante Möhring ihr Geburtstag ist und ich den Blumenstrauß hinbringen muß. Da bin ich lieber zu Hause und thue, was ich will. Die Katharine nimmt es nicht so genau."

„Wer ist die Katharine?"

„Das ist die Hausmagd. Kennst Du denn die Katharine nicht?"

„Nein, Lene. Aber ich stehe hier und sollte schon wieder am Bord sein. Wenn ich mit Dir plaudere, vergesse ich alles Andere. Adieu, Lene, und nun hörst Du dieses Wort sobald nicht wieder."

„Warum denn nicht?"

„Weil wir klar sind und von der Stadt müssen,

sobald der Wind umspringt. Das kann vielleicht morgen am Tage geschehen."

„Dann lebe wohl. Und wenn Du wiederkommst, sprich bei uns vor. Ich habe es gerne, wenn Du da bist."

„Ist das Dein voller Ernst?"

„Würde ich es sonst sagen? Die Mutter hat Dich auch gern und sie hat mir stillschweigend erlaubt, daß ich Deine Mutter ein paar Mal habe besuchen dürfen, als Du auf der Reise warst."

„Sie hat es mir erzählt. Du warst stets so lieb und hast ihr jedes Mal etwas mitgebracht. Wenn ich es Dir nur vergelten könnte."

„Du wirst es thun, wenn einmal wieder ein häßlicher Junge mich anfaßt."

„Soll sich es Einer unterstehen!" fuhr Jan Blaufink auf und erhob die geballte Faust. „Aber es wird immer dunkler und der Regen gießt in Strömen herab. Geh' in's Haus, Lene. Ich muß machen, daß ich an Bord komme."

Die Beiden trennten sich zögernd. Erst nach einigen vergeblichen Versuchen war es gelungen und Jan Blaufink trabte der Stelle zu, wo er seine Jolle festgemacht hatte.

Der Jollenführer Jakob Maifisch hatte dort seinen Posten und sagte:

„Es ist hohe Zeit, daß Du kommst. Deine Jolle hätte beinahe der Teufel geholt, wenn ich sie nicht in Sicherheit brachte."

„Wie konnte das angehen?" rief Jan erschrocken.

„Hans Einfalt. Die Fluth hatte sie immer höher gehoben und drückte sie gegen das überragende Bollwerk."

„Es ist aber längst Hochwasser gewesen und die Ebbe ist da."

„Die Ebbe ist wohl da, aber das Wasser läuft nicht ab und heute Abend haben wir Springfluth."

„Springfluth!" wiederholte Jan Blaufink. Er hatte wohl eine dunkle Ahnung von Dem, was sie bedeute, allein ein klares Bild konnte er sich davon nicht entwerfen. Er sah den Jollenführer neugierig an und sagte:

„Die will ich mir ansehen. Kommt sie bis hierher, Jakob Maifisch?"

Beide standen auf der Mitte des Dammes. Der Jollenführer sagte:

„Auch wohl einige Fuß darüber hinaus. Wäre nicht das erste Mal, daß wir mit unsern Jollen auf dem Scharmarkt umher ruderten."

Jan Blaufink sah den Jollenführer mit einem Blicke an, welcher zu sagen schien, daß er dieser Mittheilung keinen sonderlichen Glauben schenke. Jakob Maifisch, der es merkte, machte ein verdrießliches Gesicht und fuhr ihn an:

„Will der Donnersjunge wohl an Bord! Was soll der Schiffer von einem solchen Ausbleiben denken? Und halb voll von Regenwasser ist Deine Nußschaale auch. Das Oesefaß treibt darin umher, wie ein Strohhalm im Rinnstein. Hinunter mit Dir!"

Die Subordination zur See ist so groß, daß der junge Seemann dem älteren unbedingt gehorcht, auch wenn er in keinem Dienstverhältniß zu ihm steht. Mit einigen Sätzen war Jan Blaufink in seiner Jolle, schöpfte das Regenwasser, welches sich darin sammelte, aus und fuhr an Bord, wo ihn der Schiffer Hans Kramer mit den Worten empfing:

„Gab Euch Beide schon verloren. Was, zum Donner, treibst Du Dich so lange am Lande umher?"

Jan Blaufink wußte bereits aus Erfahrung, daß eine aufsteigende Welle bei Windstillen in sich zusammenstürzt; nur wenn der Sturm sich ihr in dem Nacken festsetzt, stürmt sie weiter. Er ging daher schweigend in den Roof und besorgte die ihm obliegenden Ge=

schäfte. Als er wieder zum Vorschein kam und den Schiffer fragte, ob die Leute zu Abend essen sollten, nickte Jener ein stummes Ja und setzte hinzu:

„Zur Nachtzeit müssen wir beide Augen aufknöpfen und jede Stunde alert sein. Das kannst Du ihnen mit der Theekanne zugleich aufbacken."

Dichte Finsterniß lag auf Strom und Land. Man konnte kaum die Hand vor Augen sehen. Der Regen ließ nicht nach und die Gossen schwellten mit der Sekunde mehr und mehr an. Einer Unzahl schäumender Gießbäche gleich stürzten sie in das Bassin der Elbe hinab.

Vor den Thüren, auf den Beischlägen standen die Menschen und blickten voll banger Furcht in die dichte Finsterniß hinaus. Lichter flirrten an den Fenstern vorüber und verschwanden hier, um gleich darauf dort wieder sichtbar zu werden. Keiner hatte Ruhe in seiner Wohnung und irrte von einem Winkel derselben zum andern. Auf dem Herde waren alle Feuer erloschen, denn der Wind fegte durch den Schloot und jagte Asche und Funken zu einer gefährlichen Wirbelsäule auf.

Zwei raunten gegen einander. Sie schimpften

nicht, wie es sonst wohl bei solchen Anlässen zu geschehen pflegt. Einer suchte den Andern zu halten und der Erste sagte:

„Gut, daß wir ohne alle Segel, blos vor Topp und Takel fahren, sonst hätten wir Havarie gehabt. Nun erkenne ich Euch, Nachbar. Wo wollt Ihr denn hin?"

„Die Meinigen sollen fort aus dem Keller. Ich bringe sie zur Muhme Bartels in der Steintwiete."

„Es ist gut, daß ich keine Leute zu Hause habe. Mit mir allein werde ich wohl fertig!" sagte der Zurückbleibende. „Was giebt es da wieder zu schreien?"

„Das Wasser ist stall. Mit der Ebbe ist es vorbei!"

„Vorbei? Es ist ja noch gar nicht gefallen."

„Der Hafenmeister hat eben selbst nachgesehen. Einen halben Fuß in der ganzen Zeit."

„Herr Gott! Und nun kommt die neue Fluth."

„Ja, Herrschaft! Und der neuen Fluth setzt sich der Nordwest in den Nacken. Hört Ihr, wie es pfeift? Das wird ein fliegender Sturm."

Diese Kunde verbreitete sich mit Blitzesschnelle durch den ganzen niedrig gelegenen Stadttheil. Wem es gegeben war, der flüchtete mit den Seinen, oder brachte wenigstens diese in Sicherheit. Wer keine Zufluchtsstätte hatte, suchte sich vor der mit Herzklopfen erwarteten Fluth zu schützen, so gut er es vermochte. Die Eingänge zu den Kellerwohnungen und den Stockwerken zur ebenen Erde wurden verbarrikadirt. Man setzte die sogenannten Schotten ein und verstärkte dieselben noch durch Aufschüttungen von Sand oder Erde. Ohnmächtige Hülfsmittel gegen einen in steigender Erregung daher brausenden Strom.

„Das Wasser wächst!"

Von welcher Stelle aus dieser Ruf zuerst erscholl, das wußte Keiner zu sagen, allein nach wenigen Augenblicken hallte er an allen Ecken wieder und erhielt seine Bestätigung durch einen lange nachhallenden Donner.

„Was war das?"

„Der erste Schuß vom Johannes=Bollwerk!" lautete die Antwort auf diese Frage. „Das Wasser betritt die Stadt!"

Vor dieser Antwort verstummten Alle, bis das furchtbare Schweigen sich in einem eben so schauerigen Angstruf auflösete.

Eine Dirne suchte sich von den umstrickenden Armen eines jungen Mannes loszumachen.

„Ich muß nach Hause, Lorenz! Ich muß!" jammerte sie und bat ihn, sie zu lassen.

„Das thue ich nicht", sagte Lorenz zu ihr. „Katharine, sei vernünftig. Das Wasser bedeckt schon die Straße. Du kommst nicht mehr trocknen Fußes hin und die Dachpfannen, die der Wind von den Dächern herabfegt, zerschlagen Dir den Kopf."

„Und wenn es mein sicherer Tod wäre! Ich will nach Hause. Die Lene ist allein. Ich bereue es, daß ich hierher gekommen bin."

„Nun ist es aber einmal geschehen und ich bin Dein Bräutigam, der Dir befiehlt, bei ihm zu bleiben. Ueber den Scharmarkt kommen wir noch und das Haus meiner Mutter ist sicher vor jeder Sturmfluth."

„Ach Gott! Ach Gott! Wie wird das Kind sich ängstigen. Nein! Nein! Ich bleibe nicht bei Dir!"

Und neuerdings leistete sie ihm ohnmächtigen Widerstand.

„Schnickschnack!" rief der junge Mann, umfaßte die Dirne, trotz ihres Sträubens, mit starken Armen und trug sie davon.

Die Katharine war die Magd in dem Hause des Elias Brammer. Die Mutter hatte bei der Abfahrt nach Wandsbeck dieser Magd die Lene auf die Seele gebunden und sich von ihr feierlich versprechen lassen, daß sie das Haus nicht einen Augenblick verlassen wolle. Nun hatte sie doch dem Drange nicht widerstehen können, im Fluge einige Worte mit dem Bräutigam zu wechseln, welcher in der Nähe seine Werkstatt hatte. Sie war fort und Sturm, Wolkenbruch und Springfluth verschworen sich, die Rückkehr zu verhindern.

Der Quartiersmann, welcher vorübergehend in dem Brammer'schen Hause, sowie in dessen Lagerkeller arbeitete, war bei guter Zeit weggegangen. Er half dem Lehrjungen die Ladenfenster schließen, und als dieser ihn fragte, ob er wohl auf eine Stunde seinen Vater besuchen könnte, meinte er im Gehen vor sich hin schmunzelnd:

„Wenn die Katze nicht zu Hause ist, tanzen die Mäuse auf dem Tisch."

Der Lehrbursche fühlte Etwas von der Natur einer Maus in sich, darum setzte er über den Ladentisch weg und schlüpfte zur Thür hinaus. Die Katharine war ja im Hause.

Aber die Katharine blieb nicht darin, sondern eilte zu ihrem Lorenz, nur um ihm einen guten Abend zu bieten, und die Lene war allein; in der weiten dunklen Hinterstube ganz allein.

Mehrfache Schüsse hallten von dem Johannis=
Bollwerk über den Strom hin. Schreckens=Signale,
die das immer höhere Steigen des Wassers verkün=
deten. Es schäumte bereits durch die Straßen, schwemmte
die vor den Kellern aufgeworfenen Sandhaufen fort,
drückte die Schotten ein und stürzte die Treppen hinab.

Der unerwartete Abfluß, welcher an vielen Stellen
zugleich stattfand, bewirkte ein eben so schnelles Fallen
des Wassers und das Pflaster wurde wieder bloß ge=
legt. Aber nur für wenige Minuten hielt diese Wen=
dung der Dinge an. Neue Wassermassen drangen in
die Stadt hinein. Zoll um Zoll stiegen die Fluthen
an den Häusern empor und einzelne Schaumperlen
flogen bereits gegen die Fenster des Erdgeschosses.

Lene hielt es in der Hinterstube nicht aus. Sie
irrte in der Wohnung umher. Sie wußte sich in ihrer
Angst nicht zu lassen. Ueber der Hausthür war ein
breites Fenster angebracht, durch welches die Diele das
nöthige Licht empfing. Ueber diesem Fenster befand
sich ein breiter Simms, der zur Aufstellung mancher
Waaren benutzt wurde, um die Vorübergehenden zum
Kaufe anzulocken. Eine bewegliche Leiter führte zu
diesem Simms hinauf. Vergebens rief Lene mit stei=
gender Angst nach der Magd und dem Lehrjungen.

Als noch immer keine Antwort erfolgte, wagte sie es, die schwankende Leiter zu besteigen und durch das Fenster auf die Straße zu sehen, ob sie vielleicht Einen von Beiden dort finden und errufen könne.

Aber sie entdeckte Keinen. Sie sah nur eine schwarze, undurchbringliche Nacht vor sich, durch ein schwaches Blitzen auf Secunden erhellt. Sie hörte nur das Niederrauschen des nicht enden wollenden Regens und das Brausen der gegen die Häuser anbrandenden Wellen. Das Kind zitterte am ganzen Leibe, drückte den Kopf gegen die Scheiben und weinte still vor sich hin.

Kein Schiff im Hafen, dessen Mannschaft nicht alert war. Laternen flogen auf den Verdecken hin und her. Man mußte überall nachsehen, ob der Rumpf des Schiffes nicht irgendwie einer Gefahr ausgesetzt wäre. Die Fluth war noch im Steigen und die Fahrzeuge wurden so hoch von dem Strom gehoben, daß sie fast mit den zunächst liegenden Straßen in gleicher Höhe lagen. Es gewährte einen unheimlichen Anblick, daß man, statt zu den eingerammten Pfählen, woran die Schiffe befestigt lagen, hinaufzusehen, jetzt deren Kopfenden mit dem Verdeck in gleicher Linie lagen.

Schiffer Hans Kramer ging unruhig auf und ab. Er war besorgt für sein Schiff und noch mehr für die darin befindliche Ladung, die seiner Sorge anvertraut war. Es durfte nur eines der Kabel reißen, welche den Vorder- oder Hintertheil hielten, und der Strom hatte sein freies Spiel. Die schwersten Havarieen standen zu befürchten.

„Hollah Ahoi! Hi! Ho! Hi!" erschallte es von dem Mitteldeck her, und mit der Laterne in der Hand sprang Jan Blaufink zu dem Schiffer, indem er sagte:

„Fest wie Eisen, Herr. Ihr könnt Euch unbedenklich eine Stunde auf's Ohr legen. Der Frau Margarethe schadet es nicht. Der Galiotschiffer vor uns hat auch eben die Hälfte seiner Leute unter Deck geschickt."

„Wäre mir wie schlafen. Kannst Du vielleicht die Augen nicht mehr aufhalten? Dann marsch mit Dir in den Roof."

„Nein, Herr; aber Ihr könnt mir erlauben, eine Viertelstunde vom Bord zu gehen."

„Vom Bord? In dieser dunklen Nacht? Hast Du den Verstand verloren?"

„Habe ihn vollständig beisammen, Herr. Aber es ist Gefahr im Verzuge. Laßt mich gehen."

„Du bleibst."

„Jenseits des Schlengels liegt unsere Jolle und kann jeden Augenblick in Stücke gehen, wenn die Welle sie gegen einen der scharfkantigen Balken wirft. Mich wundert, daß sie noch zusammen hält."

„Der Donner fährt dem Niklas auf den Kopf, der die Jolle dahin legte", fuhr Hans Kramer auf. „Das Ding ist mir lieb, denn ich habe bei'm Bau selbst eine Hand mit angelegt. Aber ein Menschenleben ist mir noch lieber. Du bleibst."

Jan Blaufink zog sich schweigend zurück. Er näherte sich dem Fallreep, kletterte die Sturmleiter herunter und faßte festen Fuß auf dem Schlengels. Mit klopfendem Herzen betrat er das unter seinen Füßen schwankende Balkennetz, welches die Fluth bald hob, bald senkte, bald es gegen die Duc d'Alben schleuderte, daß es laut krachte und in tausend Stücke zu zerbrechen drohte.

Endlich erreichte er die mehrere Schritte entfernt liegende Jolle und bestieg dieselbe. Er löste das Fangtau und suchte mit dem Bootshaken sich aus den vielen anderen Jollen, welche vor und neben derselben lagen, herauszuschieben. Es gelang ihm, auf die freie Fahrstraße zu kommen, und er wollte nun längs der

"Brouw Margarethe" anlegen. Aber dazu gebrach ihm die Kraft. Das Ruder war zu schwach, um der Gewalt des andringenden Stromes zu widerstehen. Statt sein Schiff zu erreichen, entfernte er sich immer weiter von demselben. Nach mehreren vergeblichen Versuchen stellte er die Arbeit ein und sagte vor sich hin:

"Mag es denn sein. Ich suche mir einen sichern Platz und bleibe dort liegen. Mag der Alte brummen, wenn ich mit Tagesanbruch an Bord komme; was thut's? Die Jolle ist geborgen."

Er ließ sich von der Fluth tragen und lenkte das Fahrzeug nur dann mit dem Ruder, wenn er befürchten mußte, gegen Etwas anzustreifen. Der Baum, der dem innern Hafen von dem äußern trennt, war geöffnet und die daselbst aufgepflanzten Laternen brannten hell. Das Auge hatte sich nach und nach an die Dunkelheit gewöhnt und er vermochte, die einzelnen Gegenstände zu unterscheiden.

"Nun bin ich durch den Baum geschlüpft und der Visitator hat nichts gemerkt," kicherte er in sich hinein. "Glaube, daß ich gut thue, nach dem Jakob Maifisch seiner Ecke zu steuern. Da liegt es sich am sichersten."

Einige rasche Schläge mit dem Ruder brachten

die Jolle in die angegebene Richtung. Aber die Ecke des Jakob Maifisch zeigte sich nicht und plötzlich rannte die Jolle mit solcher Kraft an einen Gegenstand an, daß Jan Blaufink fast über Bord gestürzt wäre.

"Hollah Ahoi! Wen haben wir hier!" rief er überascht und nur mühsam das Gleichgewicht bewahrend. "Halt und stopp!"

Er griff nach dem Bootshaken und faßte damit ein Etwas, das wie eine dunkle Säule in den Himmel hinein ragte.

"Wen haben wir hier?"

Ein anderes Boot steuerte dicht an ihm vorbei. Der Schiffer, welcher darin saß und die Worte hörte, rief ihm zu:

"Bist Du mondblind, daß Du den Baum nicht siehst, den Du mit beiden Händen festhältst?"

"Wahrhaftig. Es ist der Baum, unter welchem Jakob Maifisch seine Pfeife raucht, wenn er nichts zu thun hat."

"So thue ich," sagte der Mann in dem andern Boote. "Aber jetzt giebt es viel zu thun und Du kannst auch Hand mit anlegen, statt hier müßig zu lungern. Frisch heran und siehe zu, wo es Menschen zu retten giebt, die im Wasser umher patschen und nicht schwimmen können."

"Hurrah für Jan Blaufink!" rief er aus, indem er an mehreren Böten vorüberflog. Da bin ich mitten auf den Vorsetzen. "Hollah Ahoi! Gebt Antwort! Wer kann mich brauchen? Hier herum ist auch das Haus des Elias Brammer. Dahin will ich zuerst."

Die bezeichnete Stelle wurde glücklich gefunden. Die Gewalt des Wassers hatte die kaum eingeklinkte Hausthüre eingedrückt und die Fluth strömte unaufgehalten aus und ein.

"Da kann ich den Elias Brammer einmal im Boot besuchen!" rief er, indem er der Jolle die nöthige Richtung gab und sich niederbuckend, schwamm er in das Haus hinein, gegen den Ladentisch anprallend.

"Hollah Ahoi!" schrie er, so laut er konnte. "Ist denn Niemand hier?"

Ein leises Wimmern erklang als Antwort von dem breiten Simms über der Hausthür. Er hörte es nicht. Es war Lenen's banger Angstruf.

"Seid Ihr hier im Hause Alle todt, oder seid Ihr davon gelaufen?" rief er und horchte.

Ihm ward selbst bange in dieser Finsterniß, wo

Niemand antwortete und nur das gegen die Fässer und Tonnen anprallende Wasser dumpf brausete.

„Hollah! Noch ein Mal! Ich bin es! Jan Blaufink! Hört Ihr den Jan Blaufink nicht?"

Er horchte schärfer und nun vernahm er den klagenden, ächzenden Ton. Die zurückrollende Welle trug ihn in die Nähe des Simmses. Ein Blitz zerriß die Wolken und leuchtete schwach durch die Scheiben des Thürfensters. Er sah, daß sich da oben Etwas bewegte.

„Wer ist da auf dem Simms?" rief er und horchte scharf hin.

„Ich bin es! Ich! Lene!" klang es von oben herunter. „Hilf mir!"

„Herr Jesus, die Lene!" rief er aus und das Blut stieg ihm so sehr zu Kopf, daß er einen Augenblick lang nichts sah und hörte. Aber bald kehrte die Besonnenheit zurück und er rief ihr zu:

„Halte Dich fest, Lene! Einen Augenblick noch. Zu Dir hinauf kann ich nicht, sonst treibt mir die Jolle unter den Füßen fort. Aber ich will versuchen, sie irgendwo zu befestigen, damit sie still liegt."

Nach vielen vergeblichen Bemühungen gelang es ihm, eine eiserne Klammer zu entdecken, die in die

Wand hineingetrieben war. Er zog die Fangleine durch dieselbe und rief fröhlich:

"Nun bin ich dicht unter Dir, Lene. Aber lange darf es nicht dauern, sonst wirft das Wasser die Jolle gegen die Mauer und kentert sie. Frisch, Lene, springe herunter. Ich sehe Dich deutlich vor mir und fange Dich mit meinen Armen auf."

Das zitternde Mädchen zögerte.

"Schnell, Lene! Besinne Dich nicht, sonst ist es zu spät dazu."

Eine neue Welle rollte heran und hob die Jolle hoch in die Höhe.

"Jetzt! Jetzt!" rief er. "Du sollst und mußt springen, Lene!"

"Jan! Jan! Halte mich!" rief sie mit vor Angst erstickter Stimme.

"Hurrah! Da habe ich sie!" jauchzte er auf und legte sie platt auf den Boden des Fahrzeuges nieder. "Nun liege Du recht still. Naß ist das Bett zwar, aber sicher. In einer halben Stunde bist Du im Trocknen."

Er nahm eine günstige Gelegenheit wahr, um aus dem Hause und in das Freie zu gelangen. Nach einiger Anstrengung gelang es und tüchtig mit dem

Bootshaken nachschiebend, war er im Fahrwasser der Straße.

Die Kanonen auf dem Johannes-Bollwerke schwiegen seit Kurzem. Auch der Regen hatte nachgelassen und der Wind riß die Wolken auseinander. Es war nicht mehr das Chaos, wie vorhin.

Jan erreichte den Baum, welcher den Ruheplatz des Jakob Maifisch bezeichnete. Der wackere Jollenführer hatte nach schwerer Arbeit für einen Moment beigelegt. Der aufdämmernde Tag gestattete ihm, die Gegenstände zu erkennen, die ihm nahe kamen, und er rief:

„He! Hollah! Ist das nicht Hans Kramer seine Jolle, die da herangiert?"

„Sie ist es. Und ich, der Jan Blaufink, bin ihr Steuermann."

„Stückgut am Bord, muthmaße ich."

„Ein Colli nur, aber ein lebendiges. Sei geduldig, Lene. Wir sind gleich in Sicherheit. Jakob Maifisch, wollt Ihr mir eine Hand leihen?"

„Zwei, mein Junge. Uebrigens ist das Wasser im Fallen. Es sackt allmählich um einen halben Fuß. Was soll es geben?"

„Ich will die Lene landen und zu meiner Mutter

bringen. Thut mir den Gefallen, so lange auf die Jolle zu achten, bis ich wieder komme."

"Die Jolle soll bewacht werden, als ob es meine eigene wäre!" sagte Jakob Maifisch. "Geh Du getrost Deines Weges und laß die kleine Mamsell in's Bett bringen. Sie zittert vor Frost an allen Gliedern."

"Noch ein paar Minuten, Lene! Ein Hurrah für ein warmes Bett! Hier können wir aussteigen. Da ist die Fangleine, Jakob Maifisch. Nimm meine Jolle in das Schlepptau."

Jan Blaufink schwang sich aus der Jolle, trug die Lene vor sich her auf den Armen und sprach tröstende Worte zu ihr.

Eine halbe Stunde später lag sie in dem Bette der Frau Rosmarin und war sanft eingeschlafen. Die Mutter legte ihre Hand auf den Kopf des Sohnes und sagte:

"Gott segne Dich für diese That, mein theures Kind. Du hast auf das Haupt des Mannes, der Dir übel wollte, feurige Kohlen gesammelt."

"Wenn sie ihm nur nicht zu sehr brennen," entgegnete Jan Blaufink. "Aber nun will ich machen, daß ich wieder zu Hans Kramer an Bord komme.

Gott gnade bei der ersten Wetterbö, die auf mich herabhagelt, wenn ich das Deck betrete. Aber das thut nichts. Wenn ich auf der Stelle hätte sterben müssen, ich wäre doch gegangen. Schwer lag es auf meiner Brust; es drückte mir fast das Herz ab. Aber nun athme ich leicht und frei. Behüte Dich Gott, liebe Mutter. Gieb der Lene einen tüchtigen Schluck Warmbier zu trinken und einen Kringel zum Zubeißen gieb ihr auch."

„Sei ohne Sorgen, mein Kind. Ich werde nichts vergessen. Du siehst ja, die gute Jungfer Mewes steht schon am Herd."

„Hat Sie etwas Warmes, Jungfer Mewes?" fragte Jan Blaufink, zu dieser eilend. „Dann thue Sie ein gutes Werk und gebe Sie mir einen Schluck ab. Habe es allenfalls auch nöthig."

Jungfer Mewes, die bei so früher Tageszeit zwischen Wachen und Träumen sich befand, indem sich Regen und Sonnenschein noch um die Herrschaft stritten, schob ihm ein Töpfchen hin, dessen geringer Inhalt auch dem Bescheidensten kaum genügt hätte, und schürte murrend die Torfkohlen an. Jan trank den Topf bis auf die Nagelprobe aus und sagte zur Mutter:

„Wenn wir uns hernach wiedersehen, kannst Du

mir sagen, ob das Warmbier gut geschmeckt hat. Und nun, Ade. Wenn die Lene erwacht ist und sich gestärkt hat, bringe sie zu den Aeltern. Vielleicht sind sie von ihrer Fahrt nach Wandsbeck, wovon die Lene erzählte, zurück und grämen sich, wenn sie das leere Nest finden. Kann auch selbst einmal nach dem Rechten sehen. Hans Kramer seine Bö hagelt früh genug auf mich herab. Jungfer Mewes, gebe Sie Acht! Das Warmbier kocht über."

Lachend sprang er die Treppe hinunter.

Das Wasser war im Ablaufen begriffen. Die Straßen wurden frei. Die Rinnsteine glichen angeschwollenen Gießbächen und die Ebbe setzte mit Macht aus. Weithin hörte man das Brausen des seewärts sausenden Stromes.

In den Kellern und Erdgeschossen war ein reges, aber trostloses Leben. Die flüchtigen Bewohner derselben verließen die Freistatt, welche sie aufsuchten, und kehrten in ihre Behausungen zurück. In Eimern und Wannen trugen sie das auf dem Fußboden hin- und herspülende Wasser hinaus und richteten die umgeworfenen Möbeln auf. Hier und da glimmte bereits ein Feuer auf dem Herde und warf ein mattes Licht auf das umgebende Chaos. Mitten auf dem hohen Damm lag ein gekentertes Boot, das dort in der Nacht festgerathen war. Es hatte sich noch Niemand gefunden, der es flottete.

„Wenn ich dem Hans Kramer seine Jolle in demselben Zustande finde," sagte Jan Blaufink, indem er weiter rannte, „ist die längste Zeit gutes Wetter gewesen."

„Nein, mein Junge," entgegnete Jakob Maifisch, der ihn hatte kommen sehen, „so findest Du die Jolle nicht. Ich habe sie an Bord gebracht und dem Schiffer, der ein Dutzend Blixums nach dem andern herunter fluchte, erzählt, was für eine Art von Ladung seine Jolle getragen hat. Da legte der Sturm bei und auf seinem breiten Gesicht war Sonnenschein. Der Donnersjunge, sagte er, soll sich zu Hause auf's Ohr legen und ausschlafen, damit er alert ist, wenn er Nachmittags an Bord kommt."

„Auf das Schlafen bin ich gerade nicht versteuert," sagte Jan. „Aber sehen möchte ich, wie es in dem Brammer'schen Laden aussieht, aus welchem ich die Lene heute Nacht geholt habe."

„Das kannst Du von ihm selbst hören," sagte

der Jollenführer, "denn eben ist er in dem Kutschkasten hier vorüber gerumpelt."

"Dann will ich sogleich hin und ihm sagen, wo sein Kind geblieben ist," rief Jan und eilte dem Brammer'schen Hause zu.

Dort war Alles in Aufruhr. Die Magd und der Lehrjunge kehrten mit dem anbrechenden Tage nach Hause zurück. Sie erhoben ein lautes Wehklagen und wären gerne sogleich wieder fortgelaufen, um nie wieder zu kehren; allein der Eine bewachte die Andere. Sie hielten sich gegenseitig fest, um Jemand zu haben, auf dem sie den größten Theil der Schuld schieben könnten. In diesem Gedanken waren sie furchtbar Eins, wenn sie auch sonst als erbitterte Gegner auf dem Kampfplatz erschienen. Die Nachbarn wurden angerufen und befragt. Keiner hatte Etwas von der armen Lene gesehen.

Da rollte die Kutsche heran. Die erschrockenen Aeltern verließen dieselbe mit großer Hast und stürzten jammernd in's Haus.

"Lene! Lene!" rief die Mutter in aller Angst, die Magd, welche sich in die Kniee warf, vom Boden aufreißend. "Wo ist Lene?"

„Weg!" antwortete die Magd. Sie konnte kein anderes Wort hervorbringen.

„Weg!" schrie die Mutter laut auf. Aber das Wort erstarb ihr im Munde; es schien, als sei sie zur Bildsäule erstarrt.

Elias Brammer ward nicht so schnell durch die Macht der Umstände geworfen. Er hielt den Ladenjungen am Schopf und erpreßte von ihm das Geständniß. Heulend bekannte er, daß sowohl er, als die Magd das Haus verließen, in der Absicht, möglichst bald wieder zu kommen, woran sie durch das schnell hereinbrechende Unwetter verhindert wurden, und nun nicht wüßten, was während der Nachtstunden sich ereignet habe.

„Aber ich weiß es und will es Euch sagen!" erklang die helle Stimme Jan Blaufink's in das Wirrsal hinein. „Ich war hier, Herr Brammer und Hans Kramer seine Jolle auch."

Frau Brammer hatte nicht sobald die Stimme des jungen Matrosen gehört, als ihr Angesicht sich röthete und sie ihm zurief:

„Du weißt, wo mein Kind ist?"

„Gewiß weiß ich es. Bei meiner Mutter ist sie und schläft. Sie hat es nöthig, das arme Ding."

„Bringe mich zu ihr! Schnell! Schnell!"

„Der Weg ist weit und die Treppen sind hoch, Frau Brammer. Meine Mutter bringt die Lene, sobald sie aufgewacht ist. Habe Sie keine Furcht. Ihr Kind ist gesund und munter. Kein Finger thut ihr weh."

„Du guter Junge. Und Du warst hier zur Nacht und hast sie gerettet?"

„Freilich. Da oben vom Simms habe ich sie herunter geholt. Wie sie da hinauf gekommen ist, weiß ich freilich nicht."

„Sie wird es uns sagen!" — sprach die Mutter. „Aber ich sollte nicht hier stehen bleiben. Laß mich gehen, mein lieber Junge!"

„Thue Sie es nicht, Frau Brammer. Es ist besser für die Lene, wenn sie noch ein wenig schläft."

„Ich weiß selbst nicht, was ich sage und thue! Brammer, hast Du nicht gehört, was dieser junge Mann für uns that?"

„Ich habe es wohl gehört", sprach dieser, in sichtlicher Verlegenheit, wie er dem Jan Blaufink, den er schwer gekränkt hatte, gegenüber treten sollte. Das Wort wollte sich nicht von der Zunge lösen und die

Hand zögerte, sich nach dem Wohlthäter auszustrecken. Jan bemerkte es und sagte:

„Lasse Er es gut sein, Herr Brammer. Ich weiß, was Er mir jetzt gern sagen möchte und begreife, daß Er es nicht von sich geben kann. Wir wollen annehmen, als ob Alles schon gesagt wäre, und ich antworte darauf, es ist gerne geschehen. Ich muß jetzt an Bord und vielleicht gehen wir noch heute in See. Wenn meine Mutter mit der Lene kommt, sei Er nicht so mürrisch, wie sonst mit der armen Frau. Das ist Alles, was ich verlange."

„Sie soll mir wie eine Schwester sein!" sagte Frau Brammer aus der Fülle ihres Herzens.

Jan ging zur Thür hinaus, kehrte aber alsbald um, indem er ausrief:

„Da kommen sie schon!"

Die Mutter lief dem Kinde entgegen, das sie so schmerzlich vermißte. Die Lene warf sich ihr um den Hals und wollte sie nicht lassen.

Auch Elias Brammer kam, um sein Kind in die Arme zu schließen, das er so zärtlich liebte. Es war eine edle Regung seines Herzens, die alle seine Fehler und Schwächen vergessen ließ. Er näherte sich der Frau Rosmarin und sagte:

„Ich habe heute Nacht Vieles verloren. Wie viel es ist, kann ich nicht berechnen. Aber ich will es verschmerzen, um des reichen Schatzes willen, den Ihr Sohn mir geborgen hat. Es soll ihm nicht vergessen sein. Ihm nicht und Ihr auch nicht, Frau. Darauf kann Sie sich verlassen."

Alle waren wieder in das Haus getreten. Die Aufgeregten beruhigten sich nach und nach. Man fragte und berichtete und ergänzte das früher nur mangelhaft Gesagte. Herr Elias legte Hand an sein vielfach zerstörtes Werk. Die beiden Mütter saßen bei einander und sprachen vertraulich mitsammen. Die Lene hatte beide Hände ihres jungen Freundes gefaßt und sagte:

„Und darauf kannst Du Dich verlassen, daß ich es Dir nicht vergessen werde, was Du für mich thatest. All' mein Lebstage will ich daran denken, und wenn mir etwas Gutes geschieht, werde ich sagen, das hättest du nicht, wenn der Jan Blaufink nicht gewesen wäre."

„Mache nicht so viel Wesens davon, Lene. Wir wollen uns freuen, daß es so gekommen ist und daß Dein Vater mich für keinen Taugenichts mehr hält. Und wegen der Mutter — sie ist Dir gut, Lene, und ich möchte wohl, wenn es anders angeht, daß Du ab und zu ihr ein freundliches Wort sagst, wenn ich fort bin, denn sie denkt stets an mich und grämt sich im Stillen."

"Darüber sei außer Sorgen. Sie hat meinen Schlaf bewacht und mir liebevoll Trost zugesprochen, als ich mich in der dunklen Kammer zu fürchten begann. Das vergesse ich auch nicht. Wir werden oft beisammen sein und von nichts Anderem sprechen, als von Dir."

"Ach, Lene! Das geht wohl, wenn ich mit dem Hans Kramer nach Amsterdam, oder da herum segle und nach zwei oder drei Monaten wieder hier bin. Aber wenn ich nun die lange Reise antrete . . ."

"Wie lang ist sie denn?" fragte Lene rasch.

"Ich weiß es nicht zu sagen. Aber es gehen viele Weihnachtsabende in's Land, bevor sie zu Ende ist. Dann bist Du eine große Mamsell geworden, Lene, und die Mutter Rosmarin liegt wohl gar schon auf dem Annenkirchhofe . . . ."

"Was meinst Du denn damit?"

"Damit meine ich, daß Du mich dann längst vergessen hast und mich groß ansehen wirst, wenn ein baumlanger Kerl in der blauen Jacke bei Dir eintritt und sagt: Lene Brammer, kennt Sie mich noch? Weiß nicht, was da für eine Antwort herauskommen würde."

„Ich würde sagen, daß Du Jan Blaufink bist, der mich von dem Sims über der Hausthür herunter holte, als die Springfluth über den Straßendamm wegbrausete. Darauf gebe ich Dir meine Hand und was ich ein Mal versprochen habe, das halte ich."

„Die beiden Frauen machten eine Pause in ihrer Unterhaltung. Frau Brammer trat zu den jungen Leuten und sagte zu Jan:

„Ich muß es noch einmal vom Herzen herunter sagen, wie sehr ich mich freue und wie dankbar ich bin. Segle Du in Gottes Namen, wohin Du willst, unbekümmert um das Schicksal Deiner Mutter. Ich werde ihr eine treue Freundin sein und sie nicht verlassen."

Frau Rosmarin war auch zu der Gruppe getreten und zog ihren Sohn an ihre Brust:

„Und all' dieses Glück verdanken wir Dir allein. Fühle es an dem Schlage meines Herzens, wie sehr ich es empfinde."

„Das halte ich nicht aus!" rief Jan Blaufink mit einem tiefen Athemzuge und machte sich sanft von den Armen seiner Mutter los. „Was habe ich denn gethan, als daß ich dem Hans Kramer seine Jolle ent=

führte und mit derselben auf dem Straßenpflaster hin- und herfuhr? Weiß nicht, was er dazu sagen wird, wenn ich ihm in Sicht laufe."

"Das kannst Du gleich in Erfahrung bringen", entgegnete dieser, welcher kurz vorher eingetreten war, ohne daß Jan ihn bemerkte. "Konnte es mir denken, daß ich Dich hier treffen würde, und komme, um Dir zu sagen, daß es mit uns Beiden Lied am Ende ist."

"Dachte, daß es so kommen würde."

"Aufsässige Gesellen, die meine Jolle ramponiren, kann ich nicht brauchen", fuhr der Schiffer fort, indem er einen Brief aus der Tasche zog. "Aber hier, mein Junge, habe ich einen Brief vom Mynheer Gisbert Gerritz, Hochbootsmann am Bord des Ostindienfahrers "Gelderland", der einen solchen Gesellen braucht und ihn auf mein Fürwort an Bord nehmen und einen Seemann aus ihm machen will, aus dem man einen Decks- oder Kajütsofficier machen kann, Alles nach Belieben."

"Ist das wahr?" rief Jan außer sich.

"Das ist wahr, mein Junge. Mache es kurz mit dem Abschiede. Die "Vrouw Margarethe" erwartet Dich, um Dich an Bord des Gelderland zu bringen!

Ich gehe voraus. In zwei Stunden werfen wir das Kabeltau ab."

Hans Kramer ging. Die neue, unerwartete Kunde versetzte Alle in die größte Aufregung. Die Frauen weinten und selbst Elias Brammer konnte einige Bewegung nicht unterdrücken. Lene sprach nichts, aber ihr Gesicht wurde bleich und ihre Augen füllten sich mit Thränen. Sie schlang ihre Arme um ihn und wollte ihn nicht lassen.

Die zwei Stunden, welche Hans Kramer festgesetzt, waren beinahe verstrichen, als Jan Blaufink auf die Straße hinaustrat. Keiner gab ihm das Geleite. Er hatte es so verlangt.

„Das war auch eine schwere Bö", sagte er, rüstig fortschreitend. „Fast noch schwerer, als die in der Springfluth-Nacht. Das arme Ding, die Lene! Sie ward so weiß, wie der Kalk an der Wand. Hollah Ahoi! Jakob Maifisch! Jolle zur Hand?"

„Allstunds, mein Junge! Und viel Glück auf der Fahrt nach Ostindien."

Unfern davon standen einige Bursche, die umher lungerten, wie es solche Bursche zu machen pflegen, die keine sonderliche Lust haben, etwas zu thun. Als sie

Jan gewahrten, eilten sie diesem entgegen und riefen aus vollem Halse:

"Jan Blaufink!"

"Das ist nun vorbei", antwortete dieser. "Hier hat mein Reich ein Ende und jenseits des großen Wassers ist die Sorte von Vögeln nicht in der Mode."

"Sollen wir ohne einen Führer sein?" fragten die Burschen.

"Wäre schade, wenn die Tollen nicht einen noch Tolleren über sich hätten!" sagte Jan. "Ich bin es heute nicht mehr. Wie die Springfluth über die Ufer tritt und Stadt und Land unter Wasser setzt, bis die Ebbe kommt und Alles trocken legt, so auch im Leben. Ueber mich ist auch die Springfluth gekommen. Sie trug mich aus dem Spinnschuppen in der Reeperbahn an Bord einer Kuff und will mich nun von dieser auf das Deck eines Dreimasters werfen, wo ich im Kabelgat oder sonst wo hängen bleibe."

"So lange es dauert", sagte einer von den Genossen. "Vielleicht packt sie Dich zum zweiten Male und wirft Dich auf das Halbdeck, wo die Mynheers stehen. Das gönne ich Dir."

"Wir Alle! Wir Alle!"

"Dank, Jungens! Und Dir vor Allem, Jan Thie=

mer, der Du das Wort zuerst aussprachst. Dafür er=
nenne ich Dich zu meinem Nachfolger. Werde Du
Jan Blaufink und mache meinem Namen keine Schande.
Ist es Dir recht?"

„Mir ist es recht!" sagte Jan Thiemer. „So
bin ich denn nun Jan Blaufink."

„Und Ihr? Nehmt Ihr ihn an?"

„Wir thun es, auf Dein Wort!"

„Hollah Ahoi!" erklang der mahnende Ruf des
Jollenführers Jakob Maifisch, der bereits unten in
seiner Jolle war.

„Allstunds!" rief Jan Blaufink. „Nun, Jungens,
da habt Ihr zwei blanke Vierschillingstücke zum Ver=
trinken. Seht zu, wie Ihr sie klein kriegt. Und nun
vorwärts! Euer Meister voran!"

Dahin stürmten sie mit hellem Jauchzen. Weit=
hin erklang der Ruf:

„Da kaam wi mit Jan Blaufink an!"

Er warf ihnen einen letzten Blick nach, sprang
dann von Stufe zu Stufe abwärts in die Jolle des
Jakob Maifisch und sagte:

„Brumme nicht, Alter, und hole frisch aus, damit
mir die Brouw Margarethe nicht außer Sicht kommt,
denn die ist mir von Allen, die ich lieb habe, die ein=

zige, welche mir übrig geblieben ist. Du weißt doch noch, wo meine Mutter wohnt und sagst ihr, daß ich gut an Bord gekommen bin?"

„Will es ihr heute noch ausrichten. Und daß Du kurz vor der Abfahrt noch rechtschaffen den Straßenjungen spieltest, will ich ihr auch sagen. Aber da sind wir seitlängs. Frisch zu Deck, mein Junge! Behaltene Reise und halte Dich hart! Allzeit eine volle Backstagbrise, Schiffer Hans Kramer! Und wenn ich noch Etwas ausrichten soll, sagt es schnell."

Aber an Bord hatte Keiner Zeit, der Aufforderung des Jollenführers zu folgen, und dieser trieb über Steuer. Die Breitfock fiel von der Raa und die Besahne wurde ausgeholt. Der Wind warf sich in die anschwellenden Segel und zischend flog „Vrouw Margarethe" durch die zurückweichenden Wellen.

Der Baron.

Holländische-Guyana!

Ein anderer Himmel wölbt sich über diese Küste, als über jenen Dünenstrand, der sich an beiden Seiten der Elbmündung ausdehnt. Dort mannigfaltig wechselnde Wolkenbildung, bald tief schwarz, bald grau-feuchter Nebel, nach der Richtung des Windes sich fortschiebend in rastloser Bewegung. Hier sonnig-hell, durchsichtig-blau in steter Dasselbigkeit. Dort fliegt über die Düne weg die krächzende Möwe und die schnatternde Eidergans; hier steuert hoch im ewigen Blau der schwarzglänzende Fregattenvogel und der prächtig-strahlende Flamingo.

Aus dem weiten Becken des Oceans steuern die Schiffe dem Festlande von Guyana zu und segeln in die Mündung des Surinam ein, bis hinauf an die Hafenwerke von Paramaibo. In diesen Straßen wird der Weltmarkt gehalten, den Alt=Niederland mit solchem Geschick und mit solchem Erfolge zu betreiben weiß, daß seine Nebenbuhler auf diesem Boden, die Fran= zosen und die Engländer, neidisch werden und im offnen, wie im versteckten Kampfe gegen die Mynheers zu Felde ziehen.

Aber fest wie seine Deiche im Mutterlande steht der Holländer an den Ufern des Surinam und läßt die Wellen zu seinen Füßen schäumen und branden. Die Intrigue erlahmt an dieser kaltblütigen Zähigkeit und immer weiter wogt das Leben in der Kolonial= stadt, die trotz der Palmen, die es umgürten, ein täu= schendes Abbild altholländischer Regelmäßigkeit und Rein= lichkeit ist. Die Stadt wird nach allen Richtungen hin von Kanälen durchschnitten. Statt mit glattpo= lirten Steinen sind die Straßen mit farbigen Muscheln gepflastert und die Forts, welche Stadt und Strom beschützen, erinnern durch ihre Namen Leeland und Amsterdam an die Heimath im fernen Norden.

Frankreich und England sind zwei Kämpfer, denen Holland sich ebenbürtig fühlt. Aber ein dritter lauert von ferne und bringt die kaltblütigen Mynheers außer Fassung. Das sind die Maronneger, die sich in den

Wäldern sammelten. Flüchtlinge von allen Enden und
Ecken, die hier zusammenströmten, einen Freistaat
gründeten und auf Tod und Leben für ihre Unab=
hängigkeit kämpften.

Zwei Mynheers, die sich begegneten, schüttelten sich
die Hand und erkundigten sich der Reihe nach zuerst
nach dem Preise des Cacao und dann nach der werthen
Gesundheit. Der Aeltere von ihnen war als junger
Mann von Rotterdam hierher verschlagen und hatte
sich einen eigenen Herd gegründet. Vierzig Jahre
athmete er die tropische Luft, aber noch immer war
der alte Geist in ihm lebendig und er fühlte sich erst
ganz glücklich, wenn er daheim, umgeben von allen
tropischen Herrlichkeiten, seinen Thee trank und aus
der langen Thonpfeife wirklichen holländischen Knaster
dazu rauchte.

Der Jüngere war in Surinam geboren und wenn
er auch von dem Phlegma seiner Aeltern nicht unbe=
berührt blieb, rollte doch das Blut leichter in den
Adern und hieß ihn Sprünge wagen, die nicht selten
das Kopfschütteln des älteren Geschäftsfreundes her=
vorriefen.

„Freut mich, Mynheer Jantzen, Euch gesund und
munter zu sehen", sagte der Jüngere und lüftete den Hut.

"Dank Euch, Mynheer van dem Bosche", lautete die Antwort. "Wünsche Euch Glück zu dem gestrigen Handel."

"Pah! Sechstausend Gulden, Mynheer Jantzen. Was will das sagen? Ihr streicht in demselben Zeitraum das Doppelte ein, wenn nicht . . . ."

Er hielt inne; mit Absicht, wie es schien. Mynheer Jantzen vermerkte es übel und sagte:

"Ihr meint, die Maronneger, welche meine Pflanzungen verwüsteten und diese neuerdings bedrohen, wenn ich nicht einen Vergleich mit ihnen eingehe? Es ist nicht großmüthig, mich daran zu erinnern, daß die Bestien mir tausend Gewürznelken- und Zimmtbäume mit Stumpf und Stiel verbrannten und daß unser Gouvernement zu schwach ist, mir die Genugthuung zu verschaffen, welche ich zu fordern berechtigt bin."

"Nehmt es nicht so ernsthaft", bat Mynheer van dem Bosche. "In dem Verhältniß, wie wir zusammen stehen, kann ein solches Wort nicht beleidigen. Ihr habt Euere Pflanzung glänzend wieder hergestellt. Darf ich so frei sein, mich nach dem Befinden der Jungfrau Flortje zu erkundigen?"

Der Pflanzer hörte nicht darauf, sondern fuhr in seiner Weise fort:

„Meine Pflanzung ist wiederhergestellt, sagt Ihr? Ja! Aber doch nur so lange, als es diesen verfluchten Negern gefällt! Ist das ein Gouvernement, welches seine Insassen nicht schützen kann, die alle Steuern und Lasten tragen? Ist es nicht ein Schimpf ohne Ende, daß ein Neger einem Holländer Vergleiche anbietet und einen Tribut von ihm fordert?"

Da wallte auch das Blut des jungen Herrn van dem Bosche auf und dem Kaufmanne beipflichtend, rief er aus:

„Ja, eine Sünde und eine Schande ist es. Warum trat man nicht gleich dem Anfangs unscheinbaren Wurm auf den Kopf? Jetzt ist er zur Riesenschlange geworden, die uns zerdrückt, wenn es ihr in den Sinn kommt. Wo bleibt der Tribut, den diese schwarzen Hunde zu zahlen versprachen? Wir müssen am Ende noch Gott danken, daß sie keinen von uns beitreiben."

„Herr van dem Bosche!" sagte Mynheer Jantzen in einem strafenden Tone. „Ihr thut nicht wohl daran, mit Dingen einen Scherz zu treiben, die jeden Tag zum blutigen Ernste werden können. Wer will sie hindern, bei Nacht und Nebel aus ihren Wäldern hervor zu brechen; Paramaibo von allen Seiten anzugreifen und in Asche zu legen? Etwa die beiden Pi=

kets in dem Judendorfe Savanna? Oder die Militair=
posten von Bredensborg?"

„Ihr gerathet allzusehr in Eifer, Mynheer," sagte
begütigend van dem Bosche. „Euere Tochter wird
mit mir schelten, weil ich es zugegeben habe, daß Ihr
Euch unnöthig aufregt. Faßt frischen Muth, Mynheer,
und vertraut dem Baron Eberhard."

„Dem hergelaufenen Deutschen, der Hauptmann
bei unserer Miliz ist und sich den reichen Sold wohl
bekommen läßt? Sein Baronstitel mag leicht das Beste
an ihm sein."

„Das dürft Ihr nicht behaupten, Mynheer. Baron
Eberhard ist, wie ich von mehreren Seiten höre, ein
tüchtiger Soldat. Der Gouverneur hat es selbst meh=
rere Male anerkannt, daß er unserer Kolonie in dem
Kampfe gegen die Maronneger wesentliche Dienste ge=
leistet hat."

Mynheer Jantzen stieß einige unartikulirte Töne
aus, wie er zu thun pflegte, wenn er nicht wußte,
was er sagen sollte. Auf dem Platze am Hafen, wo
diese Unterhaltung stattfand, gab sich eine augenblick=
liche Bewegung kund. Ein ziemlich großer Herr, in
strammer militairischer Haltung, einen leichten Stroh=
hut auf dem Kopf und in blendend=weißer Kleidung,

kam von der Richtung des Gouvernements-Palastes her und wurde von den Vorübergehenden mit Ehrerbietung begrüßt. Mancher, der ihm näher stand, fügte zu dem stummen Gruße ein höfliches Wort und empfing ein gleiches als Antwort.

Auch Mynheer van dem Bosche zog den Hut und fragte:

„Mit Wohlnehmen des Herrn Barons möchte ich fragen, wohin die Reise geht?"

„Wenn es nach meinem Wille ginge, mit tausend Mann gegen die Maronneger," antwortete der Baron im Vorübergehen. „Allein Seine Excellenz sind anderer Meinung und wollen mich nicht exponiren nach dem neulichen Fieberanfall, von dem ich noch nicht ganz hergestellt bin, wie sein Arzt behauptet. Wenn ich nun nicht selbst schlagen kann, will ich mindestens schlagen sehen und darum gehe ich in das Theater."

„Was für leichtsinnige Reden das sind!" polterte Mynheer Jantzen. „Meint er, daß die achtbaren Leute, die in das Theater gehen, sich bei den Köpfen kriegen werden, um ihm einen Gefallen zu thun?"

„So war es nicht gemeint," entgegnete van dem Bosche. „Die holländische Truppe, welche vor vierzehn Tagen hier ankam, beginnt heute ihre Vorstellungen und giebt „das Torfschiff zu Breda." Ein ächtpatriotisches Stück! Sollen wir es uns ansehen?"

Mynheer Jantzen that gar nicht, als ob er diese letzte Frage hörte, sondern ging mit einem brummigen Gruße, der auch für eine Verwünschung gelten konnte, seines Weges. Mynheer van dem Bosche, der eine Einladung erwartet hatte, ihn zu begleiten, sah sich getäuscht. Seine Hoffnungen, der Schwiegersohn des reichen Pflanzers zu werden, standen heute plötzlich zehn Prozent niedriger, als gestern. Verdrießlich schlenderte er in der entgegengesetzten Richtung weiter.

Die Vorstellung im Theater nahm ihren Anfang. Die jungen holländischen Colonisten der Gegenwart freuten sich über die kühne List ihrer Vorfahren in dem Mutterlande. Die spanische Herrschaft lastete schwer auf Breda, wie auf so vielen holländischen Städten und zähneknirschend suchten die Bürger das eiserne Joch von sich abzuschütteln. Vergebens bemühten sie sich, ihre Tyrannen zu vertreiben; vergebens beeiferte sich Prinz Moritz von Nassau, die Wälle von Breda zu ersteigen und die holländische Flagge darauf zu pflanzen. Da wagte es ein junger kriegerischer Patriot mit siebzig Gleichgesinnten, den Feind zu überrumpeln. Sie verbargen sich in dem Rumpf eines Torfschiffes und ließen das Deck mit Torf vollstauen. Die Spanier, welche schon Mangel an Feuerungsmaterial litten, ließen das Schiff bereitwillig ein. Aber zur Nachtzeit wurde es plötzlich lebendig in dem Rumpf des Schiffes. Die siebzig Holländer kamen aus demselben hervor. Die ausgestellten Wachen wurden niedergemacht und die Thore weit aufgesperrt. Zwei Raketen, welche hoch in die Luft stiegen, deuteten an, daß die List gelungen sei, und Moritz von Nassau, der sich bereit hielt, rückte in das befreite Breda ein, bevor die Spanier den Schlaf von sich geschüttelt hatten. Der Jubel der Zuschauer überstieg alle Grenzen, als nun die spanische Flagge zu Boden fiel und die holländische Tricolore sich über dieselbe erhob.

Aber mitten in dem Jubel fuhr es nieder, wie ein kalter Schlag. Aus dem harmlosen Spiel ward eine blutige Wahrheit. Ein junger Bursche, welcher zu der Truppe gehörte, ein ächtes, holländisches Blut, war nicht damit zufrieden, daß die spanische Flagge am Boden lag. Er hob sie wieder auf, sprang damit bis dicht an die Lampen, riß sie in zwei Stücke und trat sie mit Füßen.

Stummes Staunen auf der einen Seite. Laute

Rufe des Erschreckens über eine solche Beleidigung einer befreundeten Flagge auf der öffentlichen Bühne. Hier und da ein vereinzeltes Klatschen; ein ermunternder Zuruf.

Aber all' dieses übertönte ein Wuthgeschrei, welches von der obern Gallerie erschallte. Eine spanische Brigg, welche auf der Rhede vor Anker lag, hatte einen Theil ihrer Mannschaft an das Land gesendet und diese wohnte dem Schauspiel bei. Sie verfolgten mit südlicher Lebhaftigkeit das Schicksal ihrer spanischen Landsleute, und gaben ihren Beifall, sowie ihr Mißfallen auf die unzweideutigste Weise kund. Aber als nun ihre Flagge beschimpft und zerrissen am Boden lag, brach der verhaltene Ingrimm los. Sie legten sich über die Brüstung hinaus und warfen ihre Messer nach dem kecken Schauspieler. Schnell waren sie von der Gallerie verschwunden; aber eben so schnell waren sie auf dem Theater. Kein Mensch konnte sagen, wie es geschah, allein sie waren dort und alsbald begann ein wüthender Kampf. Holländisches und anderes Seevolk mengte sich dazwischen. Die Bühne erdröhnte von dem wilden Geschrei und Gestampf.

Die Damen in den Logen waren bis zum Tode erschrocken. Mehrere entflohen, andere lagen ohnmäch=

tig auf den Stühlen. Einige hielten ihre Begleiter zurück und beschworen sie mit Thränen, sich von der Theilnahme an dem Kampf, der ein blutiges Ende zu nehmen drohte, fern zu halten. Die Muthigeren forderten ihre Cavaliere auf, sich dazwischen zu werfen und dem Tumult ein Ende zu machen.

Baron Eberhard war bereits gerüstet und mit dem Rufe: „Mir nach, Ihr Herren!" stürmte er auf das Theater. Seiner Entschlossenheit gelang es, mit Erfolg einzuschreiten. Unter Denen, welche ihm am tapfersten beistanden, war einer der Schauspieler, der in dem Stücke einen spanischen Hauptmann spielte und noch im vollen Kostüm war. Der Baron lobte ihn und ermunterte zum fortgesetzten Kampfe.

Das blutige Spiel nahte seinem Ende. Milizen wurden herbeigerufen und begannen aufzuräumen. Da erfaßte den Schauspieler, welcher dem Baron einen mannhaften Beistand leistete, ein glücklicher Gedanke. Er raffte die Fetzen der spanischen Flagge auf, knüpfte sie mit der holländischen zusammen und zog sie, so vereinigt, an einer und derselben Stange auf.

Lauter Beifall belohnte diese entscheidende That. Die hochgehenden Wellen hatten sich bereits gelegt, jetzt waren sie vollends beruhigt. Das Haus entleerte sich nach und nach. Die Bühne wurde frei.

Der Baron zögerte bis an's Ende. Als die letzte Spur vertilgt war, brach auch er auf. Er grüßte den Schauspieler, der die Katastrophe beschleunigte, und sagte lächelnd:

„Ihr habt das Handwerksmäßige Eurer Kunst gut inne. Es war ein brillanter Theatercoup."

„Ich habe den Herren Comödienschreibern ein wenig in's Handwerk gepfuscht", entgegnete der Schauspieler.

„Schade, daß Ihr nicht Soldat gewesen seid", fuhr der Baron fort. „Ein entschiedenes Auftreten, wie Ihr es zeigt, ist etwas werth im Kriege."

„Ich war Soldat, Herr Baron."

„Und habt den Dienst verlassen?"

„Ich diente in der Armee der holländisch=ostindischen Compagnie. Die Mynheers machten glänzende Versprechungen und ich glaubte denselben, bis ich endlich merkte, daß sie mit mir Comödie spielten. Da warf ich den Degen weg und fing selbst an, Comödie zu spielen."

„Mit Glück, wie man sieht!" warf der Baron hin.

„Man spielt eine Rolle auf der Bühne, wenn man zu einer Rolle im Leben verdorben ist!" entgeg=

nete der Schauspieler mit einer Verbeugung. Es war etwas in dem Ton seiner Stimme, was den Baron interessirte. Derselbe wandte sich abermals zu dem Schauspieler und sagte:

„Ihr sprecht das Deutsche so rein, wie ich es selten von einem Holländer hörte."

„Ich habe die Ehre, ein Landsmann des Herrn Barons zu sein."

„Ihr seid ein Deutscher?"

„Ich bin es, Herr Baron."

„Aus welchem Theile unseres gemeinsamen Vaterlandes?"

Der Schauspieler zuckte lächelnd die Achseln und sagte leichthin:

„Mein Vater war ein brandenburgischer Küraßreiter und meine Mutter eine lustige Marketenderin. Mein Geburtsort war eine Köhlerhütte; aber auf welchem Territorium sie gestanden hat, ist mir nicht kund geworden. Die deutschen Werber, denen ich in die Hände fiel, fragten nicht darnach, und die holländischen noch weniger."

Er sprach die letzten Worte mit Ingrimm aus. Der Baron betrachtete ihn mit Theilnahme nnd sagte:

„Wenn Ihr einmal das Comödienspiel satt habt,

kommt zu mir. Vielleicht kann ich Euch zu einem bessern Gewerbe behülflich sein. Man muß seinen Landsleuten in der Fremde eine Hand reichen."

Baron Eberhard ging. Der Schauspieler sah ihm nach und sagte vor sich hin:

„Eine Hand, die aufrichtet, oder eine Hand, die noch tiefer herabdrückt. Braucht der Herr Baron einen Freund, oder einen Bedienten? Wir wollen es versuchen."

Er verließ das Theater. Dort stand noch eine vereinzelte Gruppe, seefahrendes und anderes Volk. Der Schauspieler ging dicht an ihnen vorüber. Sie riefen ihm als Zeichen der Anerkennung ein lautes Hurrah und ein deutscher Matrose sagte:

„Ein verwetterter Kerl! Was für ein Gesicht er hat! Man könnte es unter Hunderten heraus erkennen. Mir ist, als hätte ich es schon irgendwo gesehen; kann mich nur nicht recht auf Zeit und Ort besinnen."

„Das ist aber die Hauptsache, alter Maat!" erhielt er zur Antwort. „Etwas behaupten ist leicht; es beweisen ist schwer."

„Laßt mir nur Zeit, dann finde ich es aus. Das Gesicht, die dunklen Locken sind mir bekannt, mitsammt den feuerigen Augen. Es liegt weit hinter mir zurück und ich muß noch jung an Jahren gewesen sein. Hatte immer meine Lust daran, wenn ich irgendwo ein Theater fand und stets . . . ."

Das Weitere verlor sich im Gedränge. Seine Kameraden hörten nicht auf ihn.

Der Platz vor dem Theater wurde leer.

———

Im Gouvernements-Palast war die Stunde des Empfanges. Viele Personen gingen aus und ein. Kaufleute, Pflanzer, Offiziere vom Land- und vom See-Etat. Auch eine Deputation der Maronneger hatte sich eingefunden, um einen neuen Protest einzubringen. Sie wollten die Aufhebung des Tributs erzwingen und dann mit Holland ein Friedens- und Freundschafts-Bündniß errichten, wie es unter Gleichberechtigten abgeschlossen zu werden pflegt. Auch den Schein einer Abhängigkeit wollten sie nicht ferner dulden. Sie brachten ihr Gesuch nicht etwa in Unterwürfigkeit vor, sondern fest und bestimmt, wie es Solche pflegen, die sich bewußt sind, erzwingen zu können, was man ihnen aus eigenem Antriebe zu geben weigert.

Die Umgebung des Gouverneurs gerieth bei die=

sem Ansinnen in Aufregung. Sie drückte ihr Mißfallen auf entschiedene Weise aus, daß entlaufene Sklaven es wagten, ihrem rechtmäßigen Gebietern zu trotzen.

Die Neger hörten es; allein sie entgegneten nichts. Sie standen fest und unbeweglich auf einer Stelle, als wären sie mit dem Boden verwachsen.

Der Gouverneur war der Einzige, der seine Ruhe äußerlich bewahrte. Keine Miene verrieth den Sturm in seinem Innern. Als die Neger geendet hatten, reichte er die ihm eingehändigte Schrift seinem Adjutanten und sagte:

„Ihr mögt abtreten! Wenn wir unsern Entschluß gefaßt haben, werden wir ihn Euch kund thun."

Die Neger entfernten sich. Der Unwille der zurückbleibenden Niederländer brach von Neuem los. Der Gouverneur sah die Mynheers der Reihe nach an und sagte dann:

„Es versteht sich von selbst, daß nicht von einem Vertrage die Rede sein kann, der uns auf das Empfindlichste demüthigen würde. Es werden Mittel und Wege gefunden werden, wie sich Holland mit Ehren aus dieser Angelegenheit herauswickelt. Bis dahin mögen die Herren Abgesandten Ihrer Afrikanischen Herrlichkeiten warten lernen."

Das Gespräch wurde allgemein. Verschiedene Ansichten und Meinungen gaben sich kund. Die Köpfe erhitzten sich. Mehrere sprachen zugleich. Man schien die Gegenwart der hochmögenden Excellenz zu übersehen. Dieser horchte nach allen Seiten. Ihm schien es lieb zu sein, die verschiedenen Ansichten, die in seiner Umgebung herrschten, kennen zu lernen. Plötzlich unterbrach er das Gespräch und fragte laut:

„Wie war Eure Meinung in dieser Angelegenheit, Baron Eberhard?"

Nach dieser Frage entstand eine allgemeine Stille. Der Angeredete trat aus der Reihe und, mit einer Verbeugung sich dem Gouverneur nähernd, sagte er in bestimmter Weise:

„Ich kann nur die allgemein herrschende Ansicht theilen und fühle die Schmach, welche diese schwarzen Bestien uns anthun, eben so tief, als der eingeborne Holländer es nur vermag. Aber ich vermag nicht einzusehen, weshalb man das einzige Mittel verschmäht, diese Schmach für immer unmöglich zu machen."

„Und dieses Mittel, wenn es beliebt, Herr Baron Eberhard?"

„Das Schwerdt! Man werfe Feuer in den Wald, worin die schwarzen Bestien hausen. Und wenn sie heulend und schreiend aus demselben hervorbrechen, empfange man sie mit Musketenkugeln und Kartätschen, bis die Brut bis auf den letzten Mann vertilgt ist."

„Der Rath wäre gut; leider fehlt uns zur Befolgung desselben die Armee des Mutterlandes, oder die der ostindischen Compagnie", bemerkte der Gouverneur achselzuckend.

„Mit zweitausend Mann gut geschulter Truppen will ich das Wagniß unternehmen und dann bürge ich mit meinem Kopf für einen glücklichen Ausgang."

„Der Kopf des Baron Eberhard ist mehr werth, als daß er auf eine so abentheuerliche Weise preisgegeben werden dürfte."

„Behandelt eine so ernste Angelegenheit nicht wie eine scherzhafte Bagatelle, Excellenz."

„Behüte mich Gott, Baron. Es war im vollen Ernste gemeint."

„Dann hat es den Anschein einer Beleidigung", fuhr der Baron mit erhöhter Stimme fort. „Es liegt darin ein Zweifel an meinem Muth."

„Nicht doch! Wer in diesem Kreise hätte die Kühnheit, eine solche Behauptung zu wagen?" entgegnete der Gouverneur rasch. „Im Großen wie im

Kleinen stets der unerschrockene Soldat. Ihr habt es noch vor einigen Abenden im Theater bewiesen."

Der Baron biß sich auf die Lippen. Er war fest überzeugt, daß der Gouverneur diese letzte Aeußerung nur machte, um ihm weh zu thun, und suchte nach dem rechten Wort der Erwiderung. Allein Jener kam ihm zuvor, indem er in der verbindlichsten Weise sagte:

„Ich statte Euch in Gegenwart der Mynheers gern und willig den Dank ab, den die Colonie Euch für Euer entschlossenes Benehmen schuldet. Ihr tratet einen glimmenden Funken aus, der zu einem schlimmen Brande die Veranlassung geben konnte, und ich werde darauf denken, diesen Dank Euch durch die That zu bekräftigen. Mynheers, ich danke für Eure Aufmerksamkeit. Leider muß ich die Freude entbehren, Euch länger bei mir zu sehen, allein bringende Geschäfte erfordern meine Gegenwart. Auf Wiedersehen! Baron Eberhard, noch auf ein Wort!"

Die Beiden waren allein. Der Gouverneur deutete auf einen Sessel, setzte sich neben den Baron und sagte:

„Ich fühle die Verpflichtung, mich gegen einen Mann, wie Ihr seid, offen auszusprechen, um nicht mißverstanden zu werden. Ich wiederhole Euch nicht den Dank für Euer letztes Benehmen im Theater. Es ist nur eine That mehr zu den vielen, für welche die Colonie Euch verpflichtet ist. Der Schauspieler, der durch einen sogenannten Theatercoup die Angelegenheit zum glücklichen Abschluß brachte . . ."

„Er hat mir mitgetheilt, daß Euer Excellenz sich durch einen Offizier hat bedanken lassen und daß dieser Dank mit einem namhaften Geldgeschenk begleitet war."

„Das Letztere mag für den Mann leicht mehr Werth haben, als der erstere", warf der Gouverneur leicht hin. „Euch, Herr Baron, genügt es, uns einen Dienst geleistet zu haben, wie er eines Cavaliers würdig ist. Allein die Colonie darf sich dadurch ihrer Pflicht nicht als enthoben betrachten."

„Excellenz, ich hoffe nicht, daß man mir ein Anerbieten zu machen denkt, das mich . . ."

Der Gouverneur ließ ihn nicht ausreden, sondern sagte, seine Hand beschwichtigend auf den Arm des Barons legend:

„Ihr denkt nicht im Ernste, daß ich Euch Euern Dienst abkaufen wollte, vielmehr bin ich gesonnen, noch einen weiteren von Euch zu fordern."

„Dazu habt Ihr ein Recht, Excellenz. Ich stehe im Solde der Colonie."

„Nicht so, Baron Eberhard. Nicht des Degens bedarf es, sondern des klugen, gewandten Unterhändlers. Ihr habt mehrfach bewiesen, daß Ihr auch darin ein Meister seid. Die Verwickelungen mit dem französischen Guyana nehmen überhand. Holland wäre in Verlegenheit, wenn jetzt ein offener Bruch entstände. Wir müssen denselben um jeden Preis verhindern und dies zu bewerkstelligen habe ich Euch ersehen."

„Mich, Excellenz?"

„Euch, Herr Baron. Ihr seid ein Deutscher und habt keinen amtlichen Charakter. Der Privatmann wird nicht so genau beobachtet, wenn er das eine Land verläßt, um ein anderes zu betreten, das mit dem erstern in gespannten Verhältnissen steht. Er findet Mittel und Wege, zum Ziel zu gelangen, die einem Gesandten mit officiellem Charakter nicht zugänglich sind. Er kann unabhängig handeln . . ."

„Und wenn seine Sendung nicht den gewünschten Erfolg hat, kann man ihn verleugnen!" unterbrach der Baron den Gouverneur.

Dieser schwieg betreten. Der Baron hatte seinen geheimsten Gedanken errathen. Doch faßte er sich fast in demselben Augenblick und sprach:

„Eine solche Maßregel würde — wenn sie in

unserer Colonial-Verwaltung überhaupt möglich wäre, — hier nicht stattfinden können, weil es sich nur um die Ueberbringung einer Botschaft, sowie darum handelt, die Stellung der Colonial-Verhältnisse Hollands, derjenigen auf Französisch-Guyana klar auseinander zu setzen, um dadurch den Boden für künftige Unterhandlungen zu gewinnen. Der Auftrag ist ehrenvoll und eines Cavaliers Eures Ranges würdig."

Der Baron bedachte sich. Die Lage der Dinge hatte für den romantischen Deutschen etwas Verführerisches. Der Gouverneur bemerkte es und fuhr fort:

„Wir vermeiden Alles, was auf eine officielle Sendung gedeutet werden kann. Ein dänischer Kauffahrer, der zum Absegeln nach Cayenne bereit ist, nimmt Euch als Passagier an Bord. Niemand kommt auf die Vermuthung, daß ein holländischer Gesandter unter der Flagge eines dänischen Kauffahrers sich einer fremden Küste nähert . . ."

Eine Pause entstand, der Gouverneur erhob sich und sagte:

„Mein Antrag hat Euch überrascht. Ueberlegt ihn Euch und laßt mich morgen Euere Meinung wissen. Es versteht sich von selbst, daß wenn Ihr ihn ablehnt, er ein Geheimniß bleibt, das nur zwischen uns Beiden besteht."

„Mein Ehrenwort darauf", sagte Baron Eberhard und entfernte sich. Am andern Tage erschien er nach beendeter öffentlicher Audienz im Gouvernements-Palast und ließ sich melden. Er wurde augenblicklich vorgelassen und jeder weitere Besuch verbeten. Die Unterhaltung dauerte eine geraume Zeit. Als der Baron sich entfernte, ging der Gouverneur triumphirend auf und ab:

„Das gelang! Der Herr Baron werden, trotz aller Anspruchslosigkeit, von Tag zu Tag hier einflußreicher und drohen, uns die Zügel zu entreißen. Die besonnenen Mynheers lassen sich von diesem feurigen Deutschen imponiren und wagen es, mir zu widersprechen. Ihre Worte sind derartig, daß man fürchten muß, die That folge ihnen auf dem Fuße nach. Ich habe aber keine Lust, den Platz zu räumen, also muß es dieser Baron thun, und darum schicken wir ihn morgen nach Cayenne."

Monate verstrichen. Der Baron war in Cayenne angekommen und harrte Wochenlang der Entscheidung.

Statt eines raschen Entgegenkommens, welches man ihm hatte hoffen lassen, erfuhr er Weitläufigkeiten aller Art. Man begegnete unverhofften Schwierigkeiten, und wenn sie kaum gehoben waren, traten andere an deren Stelle. Die Geduld erschöpfte sich. Der Baron befand sich in einem Zustande ungewöhnlicher Aufregung. Mit einem Schlage wollte er die Angelegenheit beenden. Sie sollte biegen, oder brechen.

Mit diesem Entschlusse begab er sich in das Hotel des Gouverneurs. Achselzucken, Bedauern empfingen ihn. Der Gouverneur könne ihn nicht sehen; heute nicht, morgen nicht. Seine Excellenz wären nicht unbedenklich erkrankt und hätten mit Tagesanbruch die Stadt verlassen, um auf ihrem Landsitze Genesung zu finden.

„Dann folge ich ihm dahin!" rief der Baron in steigender Ungeduld. „Ich merke es seit lange, daß man mich hier nutzlos aufhält, und will die Angelegenheit beendet wissen."

Der Schreiber, durch welchen der Baron die Mittheilung von der Abreise des Gouverneurs empfing, entgegnete höflich:

„Der Herr Baron ist Herr seiner Handlungen. Nur fürchte ich, daß die Reise, welche dieselben nach der Villa des Gouverneurs beabsichtigen, ebenfalls zu keinem Resultate führen wird. Der Herr Baron werden denselben nicht sehen; man wird das von den Aerzten erlassene Verbot vorschützen."

„Vorschützen, sagt Ihr? So wäre die Krankheit nur eine Erfindung . . ."

Der Baron schwieg vor Entrüstung. Ihm stieg das Blut zu Kopf. Eine Unruhe, deren er nicht Herr werden konnte, bemächtigte sich seiner. Kalter Schweiß bedeckte seine Stirn. Der Schreiber entgegnete rasch:

„Ich muß den Herrn Baron dringend bitten, auf ein Wort, das mir unwillkührlich entschlüpfte, nicht ein allzugroßes Gewicht zu legen. Uebrigens wollte ich mir erlauben, dem Herrn Baron einen guten Rath zu geben, wenn Dieselben ihn von einem so einfachen Manne annehmen mögen."

Das Unbehagen des Barons war im Steigen. Es sausete ihm vor den Ohren. Er nickte dem Schreiber zu, fortzufahren und dieser sagte:

„Der Herr Baron sind hier nicht acclimatisirt. Cayenne ist ein gefährlicher Ort und wenn das Fieber ausbricht, rafft es Tausende hin. Aber der Herr Baron wollen vergeben. Ich habe Geschäfte und es ist schon spät."

Der Baron sah dem Schreiber nach und bemerkte, daß dieser ein Papier zur Erde fallen ließ, ohne es wieder aufzunehmen. Es geschah zu auffällig, als daß es nicht mit Bewußtsein geschehen sein sollte. Rasch hob der Baron es vom Boden auf und warf einen Blick hinein. Es war die Handschrift des Gouverneurs von Holländisch-Guyana und an den Befehlshaber der französischen Militair-Macht von Cayenne gerichtet.

Es schwamm ihm vor den Augen. Verrath! Heimtückischer Verrath! Baron Eberhard war nur nach Cayenne gesandt, um es nicht wieder zu verlassen. Man solle ihn dort möglichst hinhalten. Die holländische Regierung würde es mit Dank anzuerkennen wissen, wenn Frankreich die Dienste eines Mannes zu gewinnen suche, der für Holland eine Unmöglichkeit geworden sei. Vielleicht würde Cayenne, berauscht von den hochfliegenden Ideen eines phantastischen Deutschen, sich in ein Eldorado verwandeln und dadurch eines Glückes theilhaftig werden, welches sich Holland, das gern mit festen Füßen auf sicherem Boden stehe, versagen müsse. Der ganze Brief war in einer Weise abgefaßt, daß die Absicht, welche damit bezweckt wurde, unverhohlen zu Tage trat.

„Verrath!" rief der Baron und erhob drohend die Hand. Seine Augen glühten. Seine Pulse jagten. Aber es war die letzte Kraftanstrengung. Die Schwäche des Körpers siegte über das geistige Wollen. Er mußte nach der Lehne eines Stuhles greifen, um nicht zu sinken. Der Uriasbrief fiel zur Erde.

Kaum war es geschehen, als der Secretair, der draußen wartete, wieder eintrat. Er hob den Brief auf, den er in die Tasche schob, und sagte unbefangen:

„Der Herr Baron entschuldigen, aber es wird demselben angenehm sein, zu erfahren, daß Dero Begleitung mit der Sänfte angelangt ist."

Ohne Etwas darauf zu entgegnen, entfernte sich Baron Eberhard. In seiner Behausung angelangt, war er gezwungen, sein Bett aufzusuchen. Der herbeigerufene Arzt erklärte, daß einer großen Gefahr vorgebeugt werden könne, wenn sich der Patient zu einer schnellen Luftveränderung entschlösse. Am rathsamsten sei in Fällen, wie der vorliegende, eine Fahrt auf die offene See hinaus. Die Aerzte von Cayenne wissen immer ein Mittel zu finden, um die dem Clima rettungslos Verfallenen aus ihrer Nähe zu entfernen. Das Gewissen ist dann gerettet und der gute Ruf leidet nicht.

Dem treuen Diener war es gelungen, einen Schiffer zu finden, der mit dem abendlichen Landwinde die Anker lichten wollte. Der Baron gab schweigend seine Einwilligung und Baron Eberhard wurde an Bord eines Schiffes gebracht, welches bestimmt war, Paramaibo anzulaufen, um dort einen Theil seiner Ladung zu löschen.

——

Das Audienzzimmer in dem Gouvernements-Palast zu Paramaibo war ganz gefüllt. Zu den Personen, welche wichtige Geschäfte hierher führten, gesellten sich solche, deren Anliegen durch eine Verschiebung nichts einbüßte. Viele kamen auch nur der bloßen Neugier wegen. Es waren Nachrichten aus dem Mutterlande angekommen und Jeder sehnte sich darnach, der Erste zu sein, der die willkommene Botschaft glücklicher Ereignisse vernehmen und weiter tragen könne. Der Commandant des Staatenschiffes war noch in dem Cabinet des Gouverneurs und hatte mit demselben eine geheime Unterredung. Die begleitenden Offiziere des Schiffs-Commandanten befanden sich in dem Audienzzimmer. Man drängte sich an sie. Man überhäufte sie mit Complimenten und bat um die Ehre, sie bei sich empfangen zu dürfen; allein die Mynheers glichen lebenden Statuen, welche nicht im Stande waren, den Mund zu öffnen. Eine stumme Verbeugung war Alles, was die größte Beredtsamkeit als Antwort zu erringen vermochte.

In diesen Augenblicken ruheloser Erwartung, die sich von dem Palaste aus über die ganze Stadt verbreitete, hatte Niemand ein Auge für die kleinen, unbedeutenden Ereignisse. Erfüllt von dem Außerordentlichen, das von fernher erwartet wurde, zu einer Stunde, wo vielleicht Krieg und Frieden zur entscheidenden Wahl stand, mochte es Jedermann gleichgültig sein, daß ein Mann aus der Behausung eines Negers in das helle Sonnenlicht hinaustrat. Es war der deutsche Schauspieler, welcher während der Aufführung des Torfschiffes von Breda die Flaggenscene aus dem Stegreif spielte. Als die Gesellschaft, zu welcher er gehörte, Paramaibo verließ, war er bereits erkrankt und mußte daher zurückbleiben. Baron Eberhard nahm sich seiner an; allein da bald darauf die Abreise des Letztern eintrat, war Niemand da, der sich um ihn bekümmerte, und in der Hütte des Negers fand der arme deutsche Comödiant seine Heimath.

Er wankte dem Hafen zu und näherte sich dem Landungsplatze. Hier legte das Boot eines Küstenfahrers an, der von Cayenne kam, um einen Passagier zu landen. Nur mit Hülfe eines Matrosen gelang es demselben, das Boot zu verlassen und die Brücke zu betreten. Die Diener folgten mit dem Gepäck.

„Baron Eberhard!" rief der Comödiant. „In welchem bedauernswerthen Zustande treffe ich Euer Gnaden?"

„Ich sehe wohl", entgegnete dieser mit einem schmerzlichen Lächeln, „daß wir eine und dieselbe Rolle gespielt haben. Der Meister, der unser Schauspiel dirigirte, hat uns ein tragisches Ende zugedacht."

„Hoffentlich nicht, Euer Gnaden!" sagte der Comödiant. „Ich rechne vielmehr, nachdem die Katastrophe überstanden ist, auf einen glücklichen Ausgang."

„Dann bilden wir Beiden die Gegensätze in dem Drama, worin wir spielten. Aber so lange ich noch zu athmen vermag, werde ich einen Landsmann nicht verlassen. Ihr findet den gewohnten Zufluchtsort bei mir."

Er ging nach der Richtung des Gouvernements-Palastes, wo die Audienz sich ihrem Ende näherte. Man verabschiedete sich gegenseitig, als der Diener mit lauter Stimme meldete:

„Baron Eberhard!"

Der Gouverneur entfärbte sich. Nach den neuesten Nachrichten, die er aus Cayenne empfing, hatte er auf einen andern Ausgang gerechnet. Es bedurfte einiger Momente, bevor er die Herrschaft über sich gewann; dann befahl er dem Diener, den Herrn in sein Kabinet zu führen, und entließ die noch anwesenden Personen mit einer Handbewegung.

Der Gouverneur und der Baron standen sich gegenüber. Der Erstere nahm das Wort und sagte:

„Ich kann Euch nicht willkommen heißen, denn Ihr habt den Euch anvertrauten Posten verlassen . . ."

„Bevor der Uriasbrief in Erfüllung ging, den Ihr um meinetwillen geschrieben!" unterbrach ihn der Baron. „Was soll dieser strafende Blick? Ihr könnt gern die Maske fallen lassen. Ich weiß Alles."

„Ihr sprecht im Fieber, Herr!" sagte der Gouverneur kalt. „Das Clima von Cayenne hat seine Signatur mit unverlöschlichen Zügen in Euere Stirn gegraben."

„Sie wird mich nicht hindern, meine letzten Pflichten zu erfüllen!"

„Möchtet Ihr damit glücklicher sein, als es Euch bisher gelungen ist!" entgegnete der Gouverneur mit kaltem Spotte. „Das Vertrauen, welches man in Euch setzte, ist durch nichts gerechtfertigt. Unsere Angelegenheiten sind durch Euere Mission eher verschlimmert, als gebessert. Man würde es dem Gouvernement nicht übel deuten können, wenn es eine Untersuchung anordnete und Euer Verfahren dem Urtheil eines unpartheiischen Richters vorlegte. Indessen wird dies um Eurer früheren guten Dienste willen nicht geschehen und man ertheilt Euch den guten Rath, um Euere Entlassung einzukommen, die Euch mit der gesetzmäßigen Pension gewährt werden soll. Und somit, Herr Baron, denke ich, sind wir am Ende."

"Das Ende wird der Ausspruch des Gesetzes sein, den ich fordere und dem ich mich unterwerfe!" sagte der Baron. "Aber als Cavaliere stehen wir auf einem andern Boden uns gegenüber. Für die Schmach, welche Ihr mir anbatet, giebt es nur e i n e Genugthuung."

"Ihr möchtet mit einem Säbelhiebe ausgleichen, was Ihr mit Eurer diplomatischen Weisheit verdorben habt!" entgegnete der Gouverneur abweisend. "Wir sind nicht mehr in dem Alter, wo man leichtsinnig mit dem Degen oder der Pistole einen sogenannten Ehrenhandel ausficht. Meine hohe Stellung ist zu bedeutend, um mich von dergleichen überspannten Ansichten leiten zu lassen. Ich bin der Chef; Ihr seid mein Untergebener; ich befehle und Ihr habt zu gehorchen."

„Für dieses Wort seid Ihr mir verantwortlich!" rief der Baron im hellen Zorn. „Wenn noch ein Funken Ehrgefühl in Euch ist, müßt Ihr mir jetzt die Genugthuung geben, die ich verlange. Weigert Ihr sie mir, habt Ihr Euch die Folgen selbst beizumessen. Weh! Mein Kopf! — Wollt Ihr die verlangte Genugthuung geben?"

Statt aller Antwort zog der Gouverneur rasch nach einander die Klingel. Die Dienerschaft flog herein.

„Man geleite den Herrn Baron nach Hause!" sprach der Gouverneur kalt und ruhig. „Seine Gnaden ist plötzlich erkrankt und bedarf der sorglichsten Aufsicht."

Der Gouverneur entfernte sich. Die Diener nöthigten den Baron, der zu schwach zum Widerstande war, sich zu entfernen. Als er sich draußen befand, flüsterte der Eine von ihnen seinen Kameraden zu:

„Laßt ihn um Gotteswillen laufen. Er hat das Cayennefieber und ich danke dafür, von ihm angesteckt zu werden."

Baron Eberhard schwankte. Es dunkelte ihm vor den Augen. Der Schauspieler, welcher ihn bis zum Gouvernements-Palast begleitete und auf seine Rückkehr harrte, trat herzu und sagte:

„Stützt Euch auf mich, Herr! Bis zu dieser Stunde standet Ihr mir bei; jetzt kommt die Vergeltung."

Das Räthsel von Buitenzorg.

Von Surinam nach Java! Eine weite, einförmige Fahrt durch die Oceane. Monate schwinden von dem Tage ab, wo der Anker vor Paramaibo gelichtet wird, bis zu der Stunde, wo er in der Jakatrabucht vor Batavia wieder in die Tiefe sinkt.

Dort liegt sie, die Stätte des Reichthums und der Fülle, aber auch zugleich der Schauplatz der Qual und der Noth ohne Ende, wo die Pest in jedem Winkel lauert und mit ihrem eklen Athem die Luft vergiftet. Hier rastet nur, Wen die Nothwendigkeit dazu zwingt, oder Wer durch die Macht des Goldes an diese Stätte gebannt ist. Wenn der Zweck erreicht ward, flieht der Freigewordene auf die Höhen und athmet dort die reine Luft, die von dem Meere ihm entgegenströmt.

Das Eldorado der stolzen Mynheers ist Buitenzorg. Es ist das wahre Sanssouci der reichen Kaufmanns=Aristokratie; das eigentlich Ohnesorgen der fürstlichen Beamtenwelt, welche hier ein sybaritisches Leben führt. Im Süden von Batavia erhebt sich der malerische Salak, an dessen nördlichem Fuß sich die Villen von Buitenzorg unter Palmen ausbreiten. Es sind die reichen Vasallen des königlichen Palastes, worin der General-Gouverneur von Holländisch-Ostindien seine Residenz aufgeschlagen hat. Die klaren Wellen des Tjdanie fließen durch die Tropenpracht der Gärten und ergießen sich in einen Kanal, der dieses Paradies mit der Stadt Batavia verbindet. Auf dieser Wasserstraße ist ein steter Verkehr.

Unter den mancherlei Herrensitzen, die sich in dem Schatten der Palmen hinlagerten, befand sich auch diejenige des Mynheer de Klaat. Er war im Besitz ausgedehnter Kaffee- und Zuckerplantagen, die eine glänzende Rente abwarfen und ihm gestatteten, es dem Ersten gleich zu thun. Er genoß die allgemeinste Achtung, und selbst Mynheer Cornelis de Wiggers, der einer der Bewindhebber der holländisch-ostindischen Compagnie war, würdigte ihn seines nähern Umganges.

Außer seinen reichen Plantagen und seiner fürstlich eingerichteten Villa besaß Mynheer de Klaat noch ein drittes Besitzthum, welches ihm mehr als die beiden ersten hätte am Herzen liegen müssen, das ihm aber nichtsdestoweniger zeitweise unbequem wurde, und das war seine Tochter Sartje.

Myjuffrouw Sartje de Klaat gehörte zu der Zahl derjenigen jungen und reichen Damen, welche in der Jugend erster Maienblüthe allzu wählerisch sind, bis dann der Glanz allmählich erbleicht und das Herz in banger Sehnsucht Derjenigen denkt, die es früher spottend abgewiesen.

Die Dame war unvermählt geblieben. Das reiche Erbe, welches ihre Hand zu vergeben hatte, war nicht stark genug, um einen batavischen Rinaldo zu den Füßen dieser Armida niederzuwerfen.

Da nahte sich in einer glücklichen Stunde der schützende Genius des verlassenen Mädchens und führte ihr den ersehnten Gegenstand zu. Der Bewindhebber Cornelis de Wiggers gab ein ländliches Fest, bei welchem auch Mynheer de Klaat mit seiner Tochter Sartje erschienen waren. Unter den zahlreich versammelten Gästen war Einer, der von dem Hausherrn mit besonderer Aufmerksamkeit behandelt, den einflußreichsten Mynheers besonders vorgestellt und bringend empfohlen wurde. Es war dies ein deutscher Edelmann, Baron Eberhard, der als Offizier im Solde der holländischen Regierung stand und derselben in Surinam nicht un=

wesentliche Dienste leistete. Mißhelligkeiten, die zwischen ihm und dem Gouvernement ausbrachen, hatten ihn vermocht, seinen Abschied zu nehmen, der ihm in den ehrenvollsten Ausdrücken zu Theil ward.

Weshalb er nach Java kam und dort die Bekanntschaft einflußreicher Männer suchte, wußte Keiner, da der Baron in dieser Beziehung ziemlich verschlossen war. Sein bescheidenes und doch festes Auftreten, seine eleganten Manieren sicherten ihm die Gewogenheit der Herren. Die zarte Galanterie und die gewählte Ausdrucksweise erwarben ihm die Sympathie der Damen.

Sartje de Klaat gehörte zu denjenigen ihrer Mitschwestern, welche bei den mannigfachen Vorzügen des deutschen Barons von einer zärtlichen Empfindung ergriffen wurden. Sie hörte mit klopfendem Herzen die zierlichen Redensarten an, die er ihr zuflüsterte, als er ihr in aller Form vorgestellt wurde. Sie hatte das Glück, an der Tafel neben ihm zu sitzen und von ihm mit großer Aufmerksamkeit bedient zu werden. Als die Gesellschaft aufbrach, geleitete er sie bis an den Wagen und bat um die Erlaubniß, sich am folgenden Tage nach ihrem Befinden erkundigen zu dürfen. Mynheer de Klaat konnte bei diesem ersten Besuche nicht umhin, den allgemein geachteten fremden Cavalier zu bitten, das Wiederkommen nicht zu vergessen, und Baron Eberhard machte von dieser Erlaubniß den ausgedehntesten Gebrauch. Sartje war im Himmel.

Aber es war nur der Vorhof des Himmels. Das Allerheiligste blieb eigensinnig verschlossen. Der Baron war die Artigkeit und Liebenswürdigkeit selbst. Sein Mund floß über und nur das ein e Wort, das langersehnte, wollte nicht über seine Lippen.

Mynheer de Klaat hatte es schon mehrfach bereut, den Baron bei dem ersten Erscheinen in seinem Hause zu ferneren Besuchen aufgefordert zu haben und ihn jetzt als täglichen Gast bei sich sehen zu müssen. Wer viele Gönner hat, hat auch viele Neider. Dem Baron fehlte es nicht daran und alle Diejenigen gehörten dazu, welche der gesellschaftlichen Vorzüge entbehrten, die ihm eigenthümlich waren.

Dazu kam, daß mehrfache Gerüchte über den Baron umliefen, die einem so scharf rechnenden Herrn, als Mynheer de Klaat, nicht genehm waren. Er war vermögenslos und sollte geäußert haben, der Reichthum sei nur etwas Zufälliges und Nebensächliches. Er lege gar keinen Werth darauf, denn es könne Jemand bis über die Ohren im Golde sitzen und doch blutarm sein. Mynheer de Klaat, der diese letzte Aeu=

ßerung buchstäblich nahm, schüttelte zu diesem Wahnsinn gewaltig mit dem Kopfe. Auch sollte es mit dem ehrenvollen Abschiede des Barons nicht ganz so beschaffen sein, wie es Anfangs erzählt wurde, und was den Charakter desselben beträfe, erhielt man auf jede darauf sich beziehende Frage ein bedenkliches Achselzucken zur Antwort. Man munkelte viel von des Barons Neigung zu wüsten Gesellschaften, wo Spiel und Trunk vorherrschten und am wenigsten die gute Sitte, womit der Baron prunkte, das Regiment führte.

Mynheer de Klaat saß auf der Veranda, mit diesen Gedanken beschäftigt, und nickte einem Manne zu, der mit einer dienstfertigen Verbeugung dem Pflanzer gegenüber trat. Es war der Agent Gerd Bloom, ein etwas magerer, leichtfüßiger Herr, welcher seine Tage damit hinbrachte, gegen eine mäßige Provision anderen Leuten die Mühseligkeiten ihres Lebens abzunehmen, damit sie ihnen nicht zu schwer zu tragen würden.

Gerd Bloom erkundigte sich nach der unschätzbaren Gesundheit seines werthen Patrons, machte einige Glossen über ein Paar Mynheers, die Herr de Klaat nicht ausstehen konnte, und sagte dann:

„Der Kaffee sinkt im Preise."

„Schiert mich nicht!" entgegnete Mynheer de

Klaat. Er hatte nämlich seinen Vorrath bereits an den Mann gebracht.

„Dagegen ist der Zucker in neuester Zeit beträchtlich gestiegen", fuhr Gerd Bloom fort.

Ein sonniger Schein flog über das Gesicht des Mynheer, dem die vorjährige Aerndte noch auf dem Halse lag. Er nickte dem Agenten zu und sagte leise:

„Losschlagen!"

Gerd Bloom verbeugte sich und machte in seiner Schreibtafel einige Notizen; dann setzte er hinzu:

„Die Surinam-Post ausgeblieben."

Der Sonnenschein schwand von Mynheer's Stirn und verdrießlich fragte er:

„Wo gestern gewesen?"

„Bei Brookers, Mynheer. Der Baron war zum Mittagessen eingeladen und ist nachher mit den beiden Söhnen des Herrn Brookers ausgeritten. Sitzt gut zu Pferde, der Baron."

„Das geht Ihn nichts an!" polterte Mynheer und Gerd Bloom schüttelte zum Zeichen des Einverständnisses mit dem Kopf; dann sagte er:

„Heute spät aufgestanden. Abends in Batavia gewesen bei der französischen Madame."

Die französische Madame war eine Wirthin, Namens Hortense, die früher mit einem Seemann von Martinique verheirathet war. Sie errichtete ein Wein- und Kaffeehaus und hatte das Glück, durch ihre artigen Manieren sich eine reichliche Kundschaft zu erwerben. Bei den kalten, förmlichen Mynheers erregte das muntere, ungezwungene Wesen der Madame Hortense vielfachen Anstoß. Es galt für unpassend, ein Haus zu besuchen, wo in dem Schutze der Nacht Dinge vorfielen, die ein ehrbarer Mann auszusprechen nicht wagen dürfe.

Mynheer de Klaat beruhigte sich allmählich. Es schien ihm unmöglich, daß ein Mann, der in dem Hause der Madame Hortense verkehrte, den geringsten Eindruck auf seine Tochter machen könne. Er war der Furcht überhoben, einen Abentheurer, einen deutschen Muff zum Schwiegersohn annehmen zu müssen.

Gerd Bloom konnte nicht umhin, seinen Gönner mit noch einer glücklichen Botschaft zu erfreuen. Er beugte sich vornüber und flüsterte geheimnißvoll:

„Kahl und leer."

Er wies dabei auf die Tasche.

„Ist das wahr?"

„Der Diener sagt es. Herz=Dame hat ihm den

Possen gespielt. Der vornehme Baron muß Schulden machen, Mynheer."

„Lump!" sagte de Klaat und faltete die Hände vor dem Bauch. „Vielleicht läßt er sich mit einem Stück Geld abkaufen und segelt nach Deutschland mit dem nächsten Schiffe zurück. He?"

„Will es versuchen!" gab der Agent zur Antwort, als das Rauschen eines Kleides ihn störte.

Es war Sartje, die auf die Veranda hinaustrat, und die letzten Worte gehört hatte:

„Was will Gerd Bloom versuchen? Vielleicht wieder einmal ehrbare Leute verklatschen und ihnen einen bösen Leumund machen?"

Der Agent war aufgesprungen und zog sich in die möglichste Entfernung zurück. Herr de Klaat, der Alles haßte, was ihn aus seiner Ruhe bringen konnte, erhob sich und sagte:

„Sartje, mein Kind! Gerd Bloom hat von mir einen Auftrag wegen meiner Zucker-Vorräthe empfangen und darauf beziehen sich seine Worte. Geht an Euere Arbeit, Mann; ich bin mit Euerm Anerbieten einverstanden."

Der Agent entfernte sich, so schnell er es vermochte.

Sartje rauschte ein Paar Mal die Veranda auf und ab, dann blieb sie vor dem Vater stehen und sagte mit unterdrückter Lebhaftigkeit:

„Sage es nur offen heraus, daß hier wieder von dem Baron die Rede gewesen ist. Dieser gemeine Mensch, dieser Gerd Bloom, der den Leuten auf Schritt und Tritt nachgeht, ist mir in den Tod verhaßt. Er spürt dem unschuldigsten Geheimniß nach, das er mit boshafter Zunge verdreht, und wenn er Nichts zu entdecken vermag, lügt er zusammen, was ihm in seinen Kram paßt."

„Er spricht also von dem Baron, behauptest Du?" entgegnete Mynheer. „Gut. Warum soll er nicht von einem Manne sprechen, den alle Welt im Munde führt? Der Herr ist hier erschienen, Keiner weiß wie? Er kommt, woher? Keiner hat es mit Bestimmtheit erfahren, denn Jedem erzählt er es anders. Er lebt; kein Mensch weiß, wovon? Er kennt alle Welt; ihn kennt Niemand. Er geht in alle Häuser, die ihm bereitwillig geöffnet sind, aber wie es in seinen eigenen vier Pfählen aussieht, weiß Niemand."

Seit geraumer Zeit hatte Mynheer nicht so viel und so anhaltend gesprochen, als in diesem Augenblicke.

Er hielt erschöpft inne, und erst nach einer ziemlich langen Pause sprach er schließlich:

„Der Mann ist ein Räthsel für Buitenzorg. Ein Räthsel, dessen Auflösung bisher Keiner wagte, die aber wahrscheinlich nahe bevorsteht. Hoffe, daß nach dem zuletzt Gehörten der Besuch des Herrn nicht mehr bei uns zu erwarten steht."

„Hat Gerd Bloom das ausfindig gemacht?" entgegnete Sartje gereizt. „O, warum nicht! Man kann einem Manne von Ehre es nahe genug legen, daß er nicht wiederkommen darf. Es meiden alle Leute unser Haus, die sonst hier erschienen sind. Warum soll dieser Eine noch bei uns aus= und eingehen? Du machst es mit mir, wie es jener Zauberer mit der Prinzessin machte, wie es in dem deutschen Märchenbuche steht. Er setzte sie in einen goldenen Käficht, dem auf tausend Schritte kein Mann zu nahe kommen durfte, wollte er nicht vom Blitz erschlagen werden."

„Ich will Dir Zeit geben, Dein ungehöriges Betragen einzusehen und Dich bei mir zu entschuldigen", antwortete Mynheer de Klaat. „Gehe mit Dir zu Rathe und gestehe Dir selbst, daß es nur Deine Schuld ist, wenn Dein Leben sich nicht gestaltet hat, wie Du es zu wünschen scheinst. Mich bitte ich mit

Vorwürfen, sowie mit den Ausbrüchen Deiner üblen Laune zu verschonen."

Er entfernte sich und ließ seine Tochter in der allerübelsten Stimmung zurück, die sich aber nach wenigen Minuten auffallend veränderte. Die Wolken verschwanden von der Stirn der Dame und heller Sonnenschein trat an deren Stelle.

Baron Eberhard ritt im leichten Trabe auf die Villa des Mynheer de Klaat zu. Als er die Dame gewahrte, begrüßte er dieselbe mit ritterlichem Anstande, warf einem dienstthuenden Malayen, der herbeieilte, den Zügel zu und schwang sich aus dem Sattel. Leichten Schrittes betrat er die Veranda.

„Einen gnädigen Willkommen erflehe ich", sagte der Baron, indem er der erfreuten Sartje die Hand küßte, „wenn ich ihn gleich nicht verdiene, indem ich es seit zweien Tagen versäumte, mich nach den Befehlen einer so liebenswürdigen Dame zu erkundigen. Darf ich wegen dieser Nachlässigkeit um Verzeihung bitten?"

„Wer könnte eine Bitte, so ausgesprochen, abschlagen?" entgegnete Sartje. Sie nahm den Sessel ein, zu welchem der Baron sie führte, und ersuchte ihn, an ihrer Seite Platz zu nehmen. Er setzte sich ihr gegenüber und begann das Gespräch mit einer leichten

Anmuth, welche die Dame dergestalt hinriß, daß sie mit beredten Blicken an seinen Lippen hing. Unwillkührlich wurde das Gespräch lebhafter; allein der Baron beherrschte sich mit einer merkwürdigen Consequenz. Kein Wort entschlüpfte ihm, das mit Bestimmtheit seine Gedanken ausgesprochen hätte. Mit Spannung horchte Sartje auf die Worte des Cavaliers. Es waren süße, verlockende Töne, aber die, welche sie im Innersten am meisten ersehnte, waren nicht darunter.

Eine Stunde war verstrichen, da erschien der Vater. Seine Stirn runzelte sich bei dem Anblick des Barons; doch überwand er die Mißstimmung und nach einigen allgemeinen Redensarten sprach er die Hoffnung aus, der Herr Baron werde mit einem Platz an der Mittagstafel vorlieb nehmen.

„Leider bin ich gezwungen, diese für mich unschätzbare Ehre abzulehnen", entgegnete der Baron mit einem Blicke auf die Dame; „allein ich habe schon bei dem Herrn General-Gouverneur zugesagt und werde von Seiner Excellenz erwartet."

Mynheer sprach einige kühle Worte des Bedauerns. Das Gespräch dehnte sich in Gemeinplätzen noch eine Weile hin, worauf sich der Baron erhob, und mit einem zärtlichen Händedruck von der Dame scheidend, sprach er in gewinnendem Tone:

„Wie überraschend schnell die Zeit in so liebenswürdiger Gesellschaft schwindet. Dank für den herzlichen Empfang. Darf ich die Hoffnung mit mir nehmen, bei meinem Wiedererscheinen einer gleichen Huld theilhaftig zu werden?"

Die Dame entgegnete Nichts, aber ihre Augen gaben vollauf Antwort. Der Baron entfernte sich. Als er, noch einmal vom Pferde aus grüßend, davon sprengte, sagte Sartje zum Vater:

„Er war im Begriff, sich zu erklären, als Du gerade eintratest!"

„Dann ist es mir lieb, daß ich zur rechten Zeit gekommen bin!" antwortete Mynheer de Klaat trocken. „Um es klar heraus zu sagen, ein Herr von Habenichts paßt mir nicht zum Schwiegersohn. Wir wollen nicht wieder auf das frühere Kapitel zurückkommen."

Sartje ging in der übelsten Laune auf ihr Zimmer.

———

Die Empfangsstunde kam. Auf dem Kanal erschienen elegante Schaluppen mit farbigen Zelten. Equipagen rollten heran, besetzt mit geschmückten Damen.

Die Cavaliere trabten auf stattlichen Rossen nebenher. Einige bequeme Mynheers ließen sich von breitschulterigen Negern in der Sänfte tragen.

Der Mittelpunkt aller dieser in Glanz, Jugend und Schönheit prangenden, von Macht und Reichthum umgebenen Gesellschaft war der General-Gouverneur von Holländisch-Ostindien. Seine Excellenz, der mit dem Aufwande eines Fürsten das Mutterland repräsentirte, war zugleich ein vollendeter Cavalier, ein Muster edler Männlichkeit und feiner Sitte. Er ließ sich anscheinend zu Jedem herab, der sich ihm näherte. Er ging in die Anschauungsweise des ihm Vorgestellten ein und schien mit ihm auf gleicher Stufe zu stehen. Und doch fand zwischen Beiden eine Kluft statt, welche zu überspringen Niemandem gelungen sein würde.

In der nächsten Umgebung des General-Gouverneurs, der seine Gäste mit der ausgesuchtesten Höflichkeit empfing, befanden sich ein Paar junge Officiere vom Land- und See-Etat, die gewissermaßen Adjutanten-Dienste bei dem gebietenden Herrn versahen. Ihnen ward die Ehre zu Theil, den Damen ihre Plätze anzuweisen und die Herren, welche Seine Excellenz persönlich anreden wollten, demselben vorzustellen.

„Mit Verlaub, vor Euer Excellenz das Wort zu nehmen!" sagte einer der jungen Cavaliere. „Hier ist der Baron Eberhard."

„Euer Excellenz gestatten", nahm dieser das Wort, „mich für die mir erwiesene Ehre zu bedanken und mich zugleich nach den Befehlen zu erkundigen, welche dieselben mir zu ertheilen haben. Ich werde eben so bereit, als willig sein, Euer Excellenz zu Diensten zu stehen."

„Man könnte den Herrn Baron leicht bei'm Worte nehmen!" entgegnete der General-Gouverneur. „Mir ist es angenehm, einen Officier von Ruf vor mir zu sehen und mich mit Genugthuung über die guten Dienste auszusprechen, die er unseren Colonieen geleistet hat."

„Ungern spreche ich von jenen Zeiten, die keine Erinnerungen angenehmer Art zurückrufen!" antwortete der Baron.

„Ich begreife das und habe mir diese Bemerkung auch nur erlaubt, um anzudeuten, daß, wenn irgendwo gefehlt worden ist, eine ehrenvolle Genugthuung nicht auf sich warten lassen darf. Gern biete ich mich zur Mittelsperson an, berechtigte Wünsche zu erfüllen."

Der General-Gouverneur trat dem Baron näher

und sprach so leise, daß die Umstehenden nicht im Stande waren, Etwas zu verstehen. Als er wieder in die gehörige Entfernung zurücktrat, fügte er hinzu:

„Während mir die Ehre zu Theil wird, den Herrn Baron als Gast in meinem Hause zu sehen, wird sich wohl eine Minute finden, diese Angelegenheit weiter zu besprechen. Jetzt halte ich mich entschuldigt, da meine Pflichten als Wirth meine Gegenwart an einer andern Stelle fordern."

Die huldvolle Weise, mit welcher die erste Person im Lande den deutschen Edelmann empfing, blieb nicht unbemerkt. Nicht nur die jungen Officiere flüsterten sich ihre Bemerkungen zu, die eine so ungewöhnliche Höflichkeit hervorrief; auch unter dem übrigen Theil der Gesellschaft war dies nicht unbeachtet geblieben. Baron Eberhard war, ohne es zu wissen und zu wollen, der fast ausschließliche Gegenstand der Neugier, des Staunens und des Neides.

Die Festlichkeiten begannen. Charakter=Tänze, in prächtigen Costümen, wurden von Eingebornen in dem phantastisch ausgeschmückten großen Salon ausgeführt. Die Musikbanden der Regimenter spielten abwechselnd patriotische oder heitere Compositionen. Erfrischungen wurden in Fülle umher gereicht.

Als der Abend hereinbrach, verwandelte sich die Scenerie in feenhafter Weise. Tausende von farbigen Lampen, in Form riesiger Blumen, hüllten Alles in ein magisches Licht. Springbrunnen stiegen aus üppig wuchernden Pflanzengruppen auf und verbreiteten köstliche Wohlgerüche. Ein Märchen aus Tausend und einer Nacht schien lebendig geworden, das seinen Gipfelpunkt erreichte, als vor dem Palast ein glänzendes Feuerwerk begann und die dunkle Nacht in Tageshelle verwandelte.

Und doch ward die Aufmerksamkeit von all' diesen Herrlichkeiten abgelenkt. Sie wandte sich einem Ereigniß zu, welchem einige der Anwesenden als Augenzeugen beiwohnten und das sich jetzt wie ein Lauffeuer durch die Gesellschaftssäle bewegte. Der General-Gouverneur hatte den Baron aufgesucht, hatte ihn unter dem Arm gefaßt und war mit ihm in der offenen Galerie auf- und abgegangen. Welches der Inhalt dieser ziemlich langen Unterredung gewesen war, hatte Keiner gehört, allein der General-Gouverneur trennte sich in ziemlicher Mißstimmung von seinem Gaste und sein jüngster Adjutant hörte deutlich, daß Seine Excellenz vor sich hinsprach: „Das hat man von seiner

Zuvorkommenheit, einem Manne zu helfen, sich empor=
zubringen. Eine kühle Abweisung ist der Lohn!"

Diese Worte zündeten. Man wußte, daß eine
Expedition gegen die überhand nehmenden See= und
Küstenräubereien im Werke war. Man bedurfte dazu
tüchtiger, zuverlässiger Officiere, und es war daher
natürlich, daß Seine Excellenz dem Baron Eberhard,
dem ein guter Ruf voranging, ein Commando zudachte.
Und diese Ehre wurde kurzweg abgelehnt. Warum?
Weshalb? Alle Gerüchte, welche über den Baron im
Umlauf waren, und die seit einiger Zeit zu schlummern
schienen, tauchten mit einem Male wieder auf und
schossen wuchernd empor.

Der Rückschlag war augenblicklich merkbar. Nach
dem ersten Empfange des Barons war dieser der Gegen=
stand allgemeiner Aufmerksamkeit; nach der zweiten
Unterredung mit dem allmächtigen Gebieter löste sich
das leichtgeschürzte Band. Der Baron ward völlig
isolirt und entfernte sich aus der Gesellschaft, ohne daß
Jemand davon eine Notiz nahm.

Am andern Morgen gab es in Buitenzorg keine
Person von Einfluß, die nicht von dem Vorgange un=
terrichtet war. Die tonangebenden jungen Officiere,

von denen der erste Anstoß ausging, gewannen die
Oberhand. Was konnte die Ursache sein, ein so eh=
renvolles Anerbieten von der Hand zu weisen? Was
anders, als eine jammervolle Feigheit, die mit ver=
gangenen Heldenthaten sich brüstet, welche Niemand ge=
sehen, und davon läuft, sobald die Gelegenheit sich dar=
bietet, die Wahrheit jener Erzählungen durch die That
zu beweisen. Man war von dem Zutreffen dieser An=
sicht auf das Lebhafteste durchdrungen und wollte für
den erlittenen Schimpf die durchgreifendste Rache nehmen.

Die Gelegenheit bot sich unverweilt dar. Die
Parade hatte auf dem großen Platze vor dem Gou=
vernements=Palaste stattgefunden. Die Officiere gin=
gen auseinander und schlossen sich den Müßiggängern
auf der Parade an.

Unter den Lustwandelnden war auch Baron Eber=
hard. Die Officiere, die ihm entgegen kamen, mach=
ten keine Miene, auszuweichen. Der Baron blieb ste=
hen und sah den jungen Mann, der ihm zunächst ging,
mit festen Blicken an. Dieser verzog den Mund zu
einem höhnischen Lachen und drehte sich um. Der
Baron rief ihm mit lauter Stimme nach, sich über
sein unhöfliches Benehmen zu verantworten.

„Was beliebt?" fragte Jener hochmüthig.

„Ich verlange, daß man mich um Entschuldigung bittet!"

Der Baron sagte diese Worte kalt und ruhig. Der Officier entgegnete mit einem Ausdruck, der eine gemeine Schmähung enthielt.

Eine allgemeine Mißbilligung sprach sich unter den Personen aus, die Zeugen dieses pöbelhaften Benehmens waren, und richteten ihre Blicke auf den Baron. Dieser wurde bleich. Ein leises Zittern flog über seinen Körper. Er drückte die flache Hand auf das Herz, als wollte er den stürmischen Schlag derselben unterdrücken. Dann aber erhob er den Kopf und sagte:

„Für diesen Schimpf wird der Herr mir Genugthuung geben, wenn er nicht will, daß ich seinen Namen an den Schandpfahl schreiben soll. Ist einer der Mynheers so gefällig, mir, der ich hier jeder Bekanntschaft entbehre, den Ehrendienst als Secundant zu erweisen?"

Zwei Officiere erklärten sich bereit. Zwei andere traten auf die Seite des Gegners. Diese Herren ordneten alles Nothwendige für den folgenden Tag an.

Dieses neueste Ereigniß, das am hellen Tage vor vielen Zeugen vor sich ging, wurde nach allen Seiten hin verbreitet und gelangte auch zur Kunde des General-Gouverneurs. Der junge Officier, welcher das Duell auf eine leichtsinnige Weise hervorrief, war der einzige Sohn einer reichen und vornehmen Dame, die all' ihre Hoffnung auf den jungen Mann setzte, der ihr allein aus einer glücklichen Ehe geblieben war. Die Freunde der Dame bestürmten den General-Gouverneur, das Duell zu hintertreiben. Dieser wies das Ansinnen zurück mit dem Bemerken, man solle die Herren nur sich mit den Waffen in der Hand gegenüber treten lassen, dann werde sich bald zeigen, wer von ihnen der Poltron sei. Andere hatten es gewagt, den Baron aufzusuchen und ihn im Namen der Mutter zu beschwören, von dem Duell zurückzutreten. Er hörte die Herren mit kalter Höflichkeit an und bedauerte, das an ihn gestellte Gesuch nicht erfüllen zu können.

„Er oder ich!" das waren die Worte, mit welchen der Baron die Herren entließ.

Am andern Morgen sollte das Duell stattfinden. Man war zu Buitenzorg in großer Spannung auf dessen Ausgang.

Um diese Zeit erschien Herr de Klaat in dem Palast des General-Gouverneurs und ersuchte um eine Audienz.

"Was führt Mynheer Willem de Klaat zu mir?" fragte der General-Gouverneur eintretend. "Ich muß bitten, sich kurz zu fassen, denn meine Zeit ist sehr gemessen."

"Excellenz", entgegnete der Pflanzer. "Ich komme, um Euer Excellenz zu melden, daß dieser Baron Eberhard . . . ."

"Ist er geblieben?" fragte der General-Gouverneur hastig.

Der Pflanzer, welcher von dem Duell nichts wußte, mißverstand die Frage und sagte:

"Der bleibt so lange, bis man ihm die Thür weist und, weil das geschah, ist man nicht sicher, daß er zum Fenster wieder hineinkommt."

"Was soll das?" fragte die Excellenz stirnrunzelnd.

Mynheer Willem de Klaat sprach von den Besuchen des Barons in seinem Hause, von den Gerüchten, die über denselben umgingen, und von den Gefahren, die eine Familie liefe, die sich mit einem Manne von zweideutigem Rufe einlasse. Mynheer war im besten Gange, als er plötzlich von dem General-Gouverneur mit der Frage unterbrochen wurde:

"Wo sind die Beweise?"

Der eintretende Adjutant befreite Mynheer von

der Verlegenheit, zu bekennen, daß die Beweise erst erwartet würden."

Der General-Gouverneur ging dem Adjutanten entgegen. Beide sprachen angelegentlich mit einander. Es geschah so leise, daß Mynheer de Klaat nur einzelne Worte verstehen konnte. Als der Bericht beendet war, sagte der Gouverneur zu dem Adjutanten:

"Begebt Euch sogleich zu der Mutter des jungen Mannes und drückt ihr in meinem Namen das Bedauern über den beklagenswerthen Vorfall aus. Ich will hoffen, daß die Verwundung nicht schwer ist und der junge Mann bald wieder seinen Dienst antreten kann. Das Duell selbst betreffend, soll die Untersuchung alles Ernstes geführt werden. Ich will diese blutigen Raufereien nicht dulden, die seit einiger Zeit wieder an der Tagesordnung sind. Der Baron Eberhard..."

"Excellenz", sagte der Adjutant. "Wenn ich gleich bekennen muß, daß der Baron sich bei dem Duell durchaus ehrenhaft benahm, ist es mir wieder unbegreiflich, weshalb derselbe es vorgezogen hat, Buitenzorg auf das Schleunigste zu verlassen. Man sagt, er habe sich gestern Abend einen Platz auf einem der Küstenfahrer ausbedungen, die für Rechnung der Compagnie von einem Punkt der Küste zur andern gehen.

Soll ich suchen, die Abreise zu verhindern, wenn es noch Zeit ist?"

"Verhüte der Himmel", sagte die Excellenz lachend, auf den Pflanzer deutend, "daß wir diesem Herrn einen solchen Kummer bereiteten. Mynheer de Klaat, Ihr könnt beruhigt heimgehen, da Ihr vernommen habt, daß der Mann, der Euerm Hause so gefährlich scheint, unser Eiland ohne unser Aller Zuthun verlassen hat. Habt Guten Morgen, Mynheer."

Der Pflanzer empfahl sich mit erleichtertem Herzen. Der General-Gouverneur entließ den Adjutanten, indem er sagte:

"Der Baron erwählt das klügste Theil, indem er dem Sturm aus dem Wege geht, der ihn bedroht. Er denkt vielleicht, in vier Wochen ist die Geschichte vergessen. Aber mich bringt dies auf die Vermuthung, daß Diejenigen Recht haben, die den Baron für einen Abentheurer halten. Ein ächter Cavalier hätte dem Sturm getrotzt. Behaltet die Sache im Auge, Herr."

Der Adjutant empfahl sich.

Der braune Wollkopf.

Das Fahrzeug, auf welchem der Baron sich einschiffte, war kein gewöhnliches Lastschiff. Alles, Bau und Takellage, waren so eingerichtet, daß es schnell und sicher segle. Es war ein sogenannter „Jager" und wurde benutzt, um Nachrichten von einem Küstenpunkte zum andern zu bringen und auf die kleinen Piraten zu kreuzen. Diese ließen sich oft blicken und fügten den Kauffahrern, die sich ihrer nicht erwehren konnten, einen empfindlichen Schaden zu. Zu diesem Zwecke hatte er auf dem Vorder- und dem Hinterdeck zwei eiserne Geschütze und außerdem noch einige Muskedonner und andere Waffen am Bord.

Das Schiff lief eine rasche Fahrt. Bald lag die drückende Atmosphäre, die auf der Rhede von Batavia wie ein Alp lastet, hinter ihnen und die frische Seebrise wehte belebend über Deck.

Eine ruhige, tropische Nacht. Der Jager ließ ein langes, glänzendes Kielwasser hinter sich. Die Sterne funkelten golden. Von Zeit zu Zeit glitt ein balsamischer Hauch über das Deck. Es war der Duft der gewürzigen Blüthen, der von dem Lande auf die See hinausströmte.

Der Mann am Steuer verwaltete sein Amt spielend. Es blieb ihm Zeit genug, sich mit dem Affen zu zausen, der von der Steuerpinne dem Steuernden auf die Schulter sprang, ihm die Mütze abnahm und damit in dem Takelwerk auf- und ab-enterte.

Zwei andere Matrosen, junges, frisches Volk, standen bei der Ankerwinde und kurzweilten. Der Eine hielt eine Axt in der Hand, machte seinem Maaten unterschiedliche halsbrechende Manöver vor und sagte dann, zu einem gewaltigen Hiebe ausholend:

„Mit dem e i n e n Schlage werfe ich ihn."

„Das kann sein", war die Antwort. „Aber doch nicht eher, als bis Du ihn hast."

„Werde ihn schon bekommen. Dafür heißt unser Schiffer Jan Glückskind."

„Narr! Er heißt Jan Blaufink!"

„Mit dem Namen spricht ihn Niemand an. Alle

nennen ihn Glückskind. Und mit Recht. Wenn irgend Jemand den Namen verdient, ist er es."

„Ja, das muß wahr sein. Als Halbmatrose am Bord des „Gelderland" und sieben Jahre darauf als erster Bootsmannsmaat ausgeschieden; dann von dem Capitain, der einen Narren an ihm gefressen hatte, in der Steuermannskunst unterwiesen und nun selbstständiger Befehlshaber eines Jager. Er kann es noch weit bringen."

„Zuerst wird er den braunen Wollkopf fangen!" sagte der Erste von Beiden. „Dieser diebische Malaye ist nach seinen letzten Raubzügen so wagehalsig geworden, daß er uns geradezu in den Rachen läuft, wenn wir das Glück haben, sein Kielwasser zu kreuzen. Und dann Hussah! geht es dem Spitzbuben an den Kragen, und ich bringe den Hieb an, den ich Dir vorhin zeigte."

Er hob die Hand, welche noch immer den Stiel der Axt hielt; fühlte sich aber ergriffen und schaute in das Gesicht des Schiffers, der lachend sagte:

„Stopp, mein Junge! Du bist auf dem besten Wege, mir eine oder die andere Decksplanke zu spalten."

„Mein Seel, Herr, es sollte eigentlich der Schädel des braunen Wollkopf sein!" entgegnete der Matrose verlegen. „Zeigte meinem Maaten, wie ich bei solchen Gelegenheiten aushole."

„Wir wollen das so lange aufsparen, bis wir den Wollkopf vor uns haben. Geh und verfange den Mann am Steuer. Seine Zeit ist um."

„Allstunds, Herr", sagte der Matrose und ging, den erhaltenen Befehl zu vollziehen.

Der Schiffer, den seine Leute Jan Glückskind nannten, war auf das Verdeck gekommen, um die Morgenwache zu übernehmen. Vor der Zeit hatte er seine Koje verlassen. In der Kajüte war es dumpf und schwül. Die schwere Luft drückte ihn. Hier im Freien athmete er leicht. Und doch war es eine innere Unstätigkeit, die ihn von einem Theil des Verdecks zum andern trieb. Er hatte nirgends Ruhe.

Jetzt lehnte er über die Galerie weg und schaute auf das wechselnde Schauspiel vor sich. Dort senkten sich die Wellen mit weißschäumenden Strahlenhäuptern, um in derselben Secunde wieder an einer andern Stelle aufzutauchen. Es glich einer wandernden Schneekette, unterbrochen von dunklen, niederrauschenden Wassermassen. Mitten innen ragte es hoch empor, wie ein kahles Felsen-Eiland. Es war ein schlafender Hai, der sich tragen ließ von der glitzenden Fluth. — Jetzt schoß es aus den Wellen auf wie ein verworrener Knäuel, dessen einzelne Fäden nach allen Seiten hin auseinander stäubten. Es war eine Schaar fliegender Fische, die, von ihrem Todfeinde, dem Delphin, verfolgt, das zugeborne Element verließen, um, wenn die Schwingen getrocknet sind, in dasselbe zurückzufallen.

Der Baron kam jetzt auch zu Deck und sagte zu dem Schiffer:

„Ich wünsche Euch einen guten Morgen, wenn man diesen nach einer schlaflosen Nacht haben kann. Wie weht uns der junge Tag so erfrischend entgegen. Habt Ihr Etwas in Sicht, Herr?"

„Nichts. Vorhin trieb ein schlafender Hai auf dem Wasser, einem Felsblock so ähnlich, daß ich mich fast hätte täuschen lassen."

„Das Meer erscheint ein stetes Einerlei und doch ist es wechselvoll und stets gewaltig", meinte der Baron. „Wollen wir auf= und abgehen und plaudern?"

„Ich bin dabei", sagte der Schiffer. „Wunderbar ist es, wie es mir mit Euch geht. Wir sind nur kurze Zeit beisammen und mir scheint es, als kennte ich Euch, so lange ich denken kann."

„Mir geht es eben so mit Euch", antwortete der Baron. „Laßt uns daraus schließen, daß wir bestimmt sind, eine lange Zeit zusammenzubleiben, und richten wir unser Benehmen darnach ein. Ohne Zwang und ohne Ceremoniel, wenn es beliebt, offen und geradezu."

Der Baron hielt die Hand hin, der Schiffer schlug ein und sagte:

"Das gilt! Ihr könnt Euch auf mich verlassen und jederzeit auf mich rechnen."

"Wie Ihr auf mich. Dies genügt vorläufig. Ein rückhaltloses Vertrauen findet sich, wenn die Herzen warm geworden sind. Wir wollen uns mit unsern Bekenntnissen nicht übereilen."

"Ich muß Euch dennoch gleich ein Geheimniß offenbaren", entgegnete der Schiffer. "Mir drückte es das Herz ab, daß ich nicht sagen durfte, was darin pocht und hämmert. Aber wie konnte ich den Leuten gegenüber den Mund aufreißen? Mit Euch ist es etwas Anderes. Außerdem könnt Ihr mir mit Eurer Erfahrung beistehen."

"Ich will Euch aufmerksam anhören."

"Möchte nicht mit einer Lüge Euch gegenüber stehen!" sagte Jan Blaufink zutraulich, "darum spreche ich es ehrlich vom Herzen herunter, daß ich keine Ordre habe, an irgend einen Punkt der Küste anzulaufen, um Nachrichten dahin zu bringen, oder von dort abzuholen. Das ist nur so gesagt und recht laut ausgeschrieen worden, um den eigentlichen Zweck zu verbergen. Man fürchtete zu frühen Verrath, denn Spione giebt es allenthalben."

„Und was ist der eigentliche Zweck?"

„Ich soll hier draußen kreuzen und mich nach dem braunen Wollkopf umthun. Das ist ein Pirat, Herr, welcher der Compagnie schon oft einen Schabernack spielte."

„Seid Ihr beordert, ihn anzugreifen?"

„Nein, Herr. Ich soll ihn nur unter Land locken und mich von ihm jagen lassen. Der braune Wollkopf ist ein eigensinniger Bursche. Wenn er einmal eine Jagd begann, läßt er nicht los und wenn der Himmel über ihn zusammenstürzt. Ich soll eigentlich dem Spitzbuben die Schlinge über den Kopf werfen, damit dann einer der jungen Mynheers auslaufen und diese Schlinge zuziehen kann. Aber ich hätte Lust, den jungen Herren die Brühe zu versalzen und den Spaß auf meine eigene Hand zu unternehmen."

Der Baron stutzte. Es schien, als ob der Gedanke an ein Seetreffen den Landofficier bedenklich mache. Aber diese Stimmung hielt nur einen Augen-

blick an. Er schüttelte die Hand des jungen See=
mannes und sagte in rascher Aufwallung:

"Das ist wie ein braver Soldat gedacht. Treue
Kameradschaft auch in diesem Falle, wenn Ihr mit der
Unbeholfenheit einer Landratte Nachsicht haben wollt.
Aber nun rathe ich, als erstes Manöver, das Geheim=
niß auch den Leuten gegenüber fallen zu lassen. Der
Pirat kann uns vielleicht erst in dreien Tagen, oder gar
in drei Wochen auflaufen; wir können ihn aber auch
schon in der nächsten Stunde in Sicht bekommen. Die
Ueberraschung wirkt leicht nachtheilig, und das Volk
verliert den Kopf."

"Ihr habt Recht!" entgegnete Jan Blanfink ent=
schlossen und wandte sich dem Vorderdeck zu:

"Hollah Ahoi! Alle Mann!"

"Ahoi! Ahoi!" rief es zurück und gleich darauf
sammelten sich die Matrosen des Jager, um zu hören,
was ihr Commandant ihnen zu sagen habe. Mit
lautem Beifall wurde die Botschaft vernommen und
Alle schwuren, auf Tod und Leben ihren Mann
zu stehen.

"Das verdient einen Tropfen extra, der Euch als=
bald eingeschenkt werden soll, und wenn es an's Ver=
theilen der Prisengelder geht, soll Jeder seinen vollen

Antheil bekommen. Und nun alle Waffen zu Deck, damit wir sehen, was wir dem braunen Wollkopf bieten können."

Dem Befehl ward alsbald Folge gegeben. Das Verdeck des Jager glich einem kleinen Arsenal.

Glatt wie ein Spiegel liegt im ersten blassen Schimmer des Morgens die Straße Sunda, welche die königlichen Eilande Sumatra und Java von einander trennt.

Kein Hauch bewegt die glitzernde Fläche, auf deren Rücken der goldene Seetang treibt, und der braunen Schildkröte, die mitten darin schwimmt, zum Lager zu dienen scheint.

Eine indische Feluke mit drei nach hinten überstehenden Masten, deren jeder ein Sprütsegel trägt, liegt regungslos auf dieser unbeweglichen Fluth. Auf dem Deck derselben stehen zwei Geschütze und Gewaffen aller Art liegen verstreut umher. Ein umsichtiger Waffenmeister scheint hier das Regiment nicht zu führen. Zur Stunde der Noth greift Jeder, was die Hand fassen kann, um sein Leben und seine Freiheit zu vertheidigen, sammt den Schätzen, die das Innere der Felute birgt.

Das Malayenvolk, welches dieses Schiff bevölkert, ein Dutzend an der Zahl, liegt ausgestreckt auf dem Deck, den gestrigen späten Rausch verschlafend und von dem heutigen Gelage träumend. Es sind verwegene, confiscirte Gesichter voll Narben und Schrammen, zum Theil mit Lumpen bekleidet, zum Theil nackt, oder mit einigen prunkenden Fetzen behangen, welche sie von irgend einem Prachtstück ihres Raubes abgetrennt haben.

Die Spuren der gestrigen Orgie liegen noch auf dem Deck umher. Zerbrochene Krüge und Flaschen; die Scherben eines Glases, das der Zecher in der Hand hielt, als er lallend zu Boden sank.

Nun fliegt ein erster goldener Schimmer dem Horizont entlang und glänzt auf der Fläche der See im strahlenden Wiederschein. Der Tiger des Oceans, der riesige Hai, fährt aus der Tiefe empor und spritzt seinen silbernen Wasserstrahl in die blaue Luft empor. Das erste Leben auf diesem weitausgedehnten Schauplatz der Ruhe.

Da wird die Kajütskappe zurückgeschoben und eine riesige Mulattengestalt taucht aus derselben empor. Das Haupt ist mit einem weißen Shawl umwickelt; den Leib bedeckt eine brandrothe Jacke. In dem breiten

Gürtel stecken zwei Pistolen. Ein Pulverhorn hängt von demselben herab.

Mit finstern Blicken betrachtete er den Horizont und die schweigend vor ihm liegende See. Diese Windstille war eine Fessel, die ihn hielt und die er nicht brechen konnte. Er sah die Schläfer um sich her, stieß einen grimmigen Fluch aus und schob den zunächst Liegenden mit einem Fußtritt aus dem Wege. Dieser kollerte einige Schritte weit und murmelte eine Verwünschung zwischen den Zähnen; dann fesselte ihn der Schlaf von Neuem.

Abermals öffnete sich die Kajüte und ein junges Inderweib erschien, blendend-schön wie der eben erwachte Morgen. Sie flog dem Führer der Feluke entgegen und warf sich in seine Arme:

"Wollkopf, wann kommen wir heim?"

"Wenn die Winde erwachen und unsere Segel füllen, steuern wir nach Nikobarien, wo unser der Friedenspalast harrt. Da beginnt dann ein Leben des steten Glanzes. Wir genießen die Schätze, welche ich dort aufgehäuft habe. Der Preis für ein Leben voll Kampf und Sieg."

"Wären wir erst dort!"

"Ungeduldige! Habe ich es Dir nicht versprochen?"

"Das thatest Du schon vor einem halben Jahre und hast es doch nicht gehalten."

"Gut, daß ich es nicht that!" lachte der Wollkopf. "Mir fehlte dann, was ich jetzt habe."

Er stampfte mit dem Fuße und rief der Dirne grinsend zu:

"Weißt Du, was unter diesem Fußtritt liegt? Silber, Gold und Edelsteine die Fülle. Dein Leben muß dreimal länger sein, als sonst ein Menschenleben ist, und Du wirst doch nicht die kostbaren Gewänder alle tragen, welche in den Kisten auf Erlösung harren. Hei, Mirjam! Ich werde leben wie der Kaiser von Siam und Du wirst meine Kaiserin sein!"

"Deine Dienerin, Du süßer Wollkopf! Deine Sklavin!" entgegnete Mirjam schmeichelnd.

"Nun denn, Sklavin!" entgegnete der Wollkopf in heiterer Laune, "sei des Dienstes gewärtig. Hole mir einen erfrischenden Morgentrunk und kredenze ihn mir. Bringe auch den Pfauenfächer und wehe mir Kühlung zu."

Mirjam eilte fort und kehrte bald darauf wieder, den silbernen Pokal in der einen Hand, den Pfauenfächer in der andern. Sie nippte von dem Wein und reichte dem Wollkopf den Pokal, den er in einem

Zuge leerte. Sie fächelte sein erglühendes Haupt und sagte liebkosend:

„Wir steuern in den Hafen der Ruhe?"

„Ja, das thun wir."

„Der Spanier, den wir in der vorigen Woche enterten, und den Du, als Du sein Gold in Sicherheit brachtest, mit allem Volke in die Luft sprengtest, war der letzte?"

„Der verdammte Spanier! Er schlug zwölf meiner tüchtigsten Leute todt, darum mußte er auch springen. Seit dem Tage ist es still um uns her. Kein Hauch bewegt die Luft. Wir liegen wie angekettet. Ich brenne vor Ungeduld . . . ."

„Und ich verzehre mich vor Sehnsucht!" sagte Mirjam. „Einen bösen Traum hatte ich. Ein großes Orlogsschiff kreuzte unser Fahrwasser und Du botest ihm den Kampf."

Eine finstere Wolke deckte das Gesicht des Wollkopfs:

„Das war im Traum, wie Du sagst. Wie könnte ich in der Wirklichkeit daran denken, einem Orlogsschiff mit dem jämmerlichen Rest, der dort schnarchend umherliegt, einen Kampf anzubieten. Meine braven Zwölfer! Der Hai hat sie gefressen!"

„Darum lief es auch so unglücklich im Traume aus", fuhr Mirjam fort. „Sonst, wenn man einen Gegenstand sieht, der von ferne kommt, ist er klein, und erst, wenn er sich nähert, nimmt er an Größe zu. Hier war es umgekehrt. Das Schiff, wie ein Riese anzusehen, als es am Horizont auftauchte, schrumpfte zusammen, da es näher kam, und als es uns seitlängs legte, war es kaum größer als Dein Boot."

„Gut geträumt, Mirjam!" lachte der Wollkopf. „Es bedeutet, daß mir der Ocean noch ein Boot zuführt, das ich statt des unsern nehmen kann, was die spanischen Kugeln zertrümmerten. Verdammt sind diese Spanier! Sie ließen mir nur eines und die Heckjolle."

Die Erinnerung an diesen Gegner, der ihm eine so empfindliche Wunde beibrachte, bevor er unterlag, trieb ihm das Blut zu Kopf. Er rannte einige Male das Verdeck auf und ab; dann stand er plötzlich still und horchte, den Kopf vorgestreckt, mit gespannter Aufmerksamkeit. Er netzte den Finger, wie der Seemann zu thun pflegt, wenn er eine Aenderung in der Atmosphäre zu entdecken meint, hielt ihn hoch empor und wartete in großer Spannung. Mirjam folgte allein seinen Bewegungen mit sichtbarem Interesse.

"Brise!" rief er überlaut und ein Strahl der Freude flog über das wilde Gesicht. "Brise! Die Kette beginnt sich zu lösen."

Fernab, dem schärfsten Auge kaum erkennbar, begann ein kleiner Theil des blanken Meerspiegels sich zu kräuseln. Schnell, wie es kam, verschwand es, um an einer andern Stelle wieder sichtbar zu werden. Es ist der erste Hauch, der durch den todten Raum weht und das kommende Leben verkündet. Es sind die Pfoten der Katze, welche über die See hinschlüpfen, sagt der Seemann, und sich zur Mäusejagd vorbereiten. Hussah! Wo ist die Katze in der Straße von Sunda? Und wo sind die Mäuse?

Dem ersten Hauche, schwach und unhörbar im weiten Raume sich verlierend, folgt der zweite, stärkere und bald ist die glitzernde blanke Fläche verschwunden. Die See kräuselt sich und schüchtern klopft die jüngste sich hebende Welle gegen den Bug des Piratenschiffes.

"Hollah! Alle Mann!" rief der braune Wollkopf, und als dem rasch ausgestoßenen Befehl die Erfüllung nicht auf dem Fuße folgte, riß er die Pistolen aus dem Gürtel und feuerte sie nach einander ab, daß die Kugeln über das Verdeck hinpfiffen.

Scheltend, schreiend, fluchend fuhren die Schläfer von dem Boden auf. Sie schauten stieren Blickes dem Pulverdampfe nach und schüttelten sich den bleischweren Schlaf ab. Aber als die frische Morgenbrise sie anwehte, als sie die Wellen rauschen hörten, die vernehmlicher an die Seitenwände ihrer Feluke pochten, da erwachte der Seemann in allen Denen, die sich dem herrschenden Elemente dienstbar fügten, um es zu beherrschen. Der Steuermann ergriff die Ruderpinne und Mirjam flüsterte dem geliebten und gefürchteten Gebieter zu:

"Sage ihm den Steuercours, der in die Heimath führt!"

Die Segel stiegen an den Masten empor und die Feluke flog dahin.

Noch immer ist es die Sundastraße, allein an einer andern Stelle derselben. Dort schwamm bislang auch ein Schiff hülflos umher, jeder Steuerkraft beraubt und unter dem Druck der Windstille leidend.

Aber nun wehte auch über dieses Deck hin der erste belebende Hauch des neuen Lebens und die Mannschaft erwachte aus ihrer dumpfen Betäubung. Der Ordnungssinn, der am Bord dieses Fahrzeuges herrschte, verleugnete sich in solchem Momente nicht. Alle Hände waren geschäftig. In einer halben Stunde stand am Bord Alles vierkant und der blau=roth=weiße Wimpel am Topp, der gerade an der Stänge herunterhing, wehte frisch von derselben ab, einer Schlange gleich sich krümmend und schlängelnd. Die Breitfock und die Besane füllten sich und das Fahrzeug kam allgemach in Fahrt.

„Schlimme Tage das, Baron Eberhard", sagte der Schiffer zu seinem Passagier. „Werde von meinem Lugaus auf der See nicht viel Ehre heimbringen. Von dem Wollkopf keine Spur."

„Viele Träume spuken in dem Hirn des Menschen, die nicht in Erfüllung gehen", entgegnete der Baron. „Ihr habt eine so glückliche Zeit gehabt, daß Ihr immerhin einen Fehlschlag tragen könnt. Kehren wir in Gottes Namen heim. Ich bin des Umherkreuzens müde und Ihr seid auch wohl zu der Ueberzeugung gekommen, daß hier jede weitere Mühe verloren ist."

„Das thue ich!" antwortete der Commandant des Jager. „Sobald mein Besteck in Ordnung gebracht ist, lasse ich abhalten auf die Jakatra=Bai. Es ist ein teufelsmäßig schlechtes Geschäft, Herr, mit dem

Hut in der Hand vor dem Patron zu erscheinen und zu sagen, daß man Nichts ausrichtete."

Es war ein eignes Verhältniß zwischen diesen beiden Männern. Als sie sich zuerst fanden, fühlten sie sich unwillkührlich zu einander hingezogen und gestanden es sich in edler Freimüthigkeit. Sie kamen überein, daß ihr Umgang am Bord offen und geradezu, ohne Zwang und Ceremoniel sein sollte, und der Baron setzte hinzu, das Vertrauen fände sich, wenn die Herzen erst warm geworden wären.

Aber das Vertrauen fand sich nicht. Der Führer des Jager trug eine geheime Scheu, von seiner Abkunft zu reden. Er mochte dem Edelmanne gegenüber nicht aussprechen, daß er nicht einmal von ehrbarer, bürgerlicher Herkunft sei, sondern schob jede freiwillige Erörterung hinaus bis zu der Stunde, wo Jener ihm darnach fragen werde. Allein diese Stunde wollte nicht kommen. Der Baron fragte nicht. Ob aus Höflichkeit, ein Geheimniß nicht wissen zu wollen, das ihm nicht freiwillig entgegen getragen ward? Oder aus Furcht, Gleiches mit Gleichem vergelten zu müssen? Wer vermag es zu entscheiden? Die Thatsache bestand und die unerträgliche Langeweile, die während der Windstille am Bord des Jager die gesammte Be=

satzung ergriffen hatte, wurde dadurch noch peinlicher und unerträglicher.

Aber nun wehte ein neuer Geist durch das Schiff, der mit der neuen Brise erwachte. Der Baron nahm die einen Augenblick stockende Unterhaltung wieder auf und sagte zu dem Schiffer, der über die Galerie weg in das schäumende Kielwasser sah:

"Euch darf das keinen Kummer verursachen. Wohl mag es peinlich sein, dem, der uns mit vollen Händen erwartet, zu sagen, ich habe Nichts gefangen. Das Netz ist leer, allein Ihr habt das Bewußtsein, Nichts versäumt zu haben, und das ist genug, um Euer Gewissen zu beruhigen. Kommen wir in Batavia an, so seid überzeugt, daß ich der Erste bin, der als Zeuge für Euch in dieser Sache auftritt, wenn es eines Zeugnissen bedürfen sollte. Aber da kommt einer von den Leuten. Es ist der Pieter, der Euch ruft. Hört Ihr nicht, Schiffer?"

Es schien, als hätte Jan Blaufink die Worte des Barons gar nicht gehört. Er wandte sich rasch um und sagte mit verlegener Hast:

"Was willst Du, Pieter? He?"

"Mit Verlaub, Schiffer. Vor uns, Krahnbalksweise im Luf ist ein Segel."

Die allgemeine Aufmerksamkeit lenkte sich auf diesen Punkt. Der fremde Segler hatte eine vortheilhafte Lage im Oberwind. Er konnte, wenn er sonst wollte, gerade auf die Breitseite des Jager abhalten, während dieser nur mit Mühe aufzukreuzen vermocht hätte. Das Fernrohr wurde herbeigeholt und der Neuaufgetauchte einer genauen Prüfung unterworfen.

Auch von dem Verdeck jenes Schiffes aus war der Jager bemerkt worden. Auch dort hielt man einen scharfen Lugaus, auch dort bereitete man Alles auf ein ungewöhnliches Ereigniß vor und das Schauspiel entwickelte sich auf zweien Verdecken zugleich.

Der braune Wollkopf, der auf dem Wege zu seinem Asyl war, betrachtete den neuen Ankömmling mit gierigen Blicken. Sein kundiges Auge enthüllte ihm in einem Moment die Vortheile, welche er, Jenem gegenüber, hatte und er befahl mit einer Handbewegung seinem Steuermann, geradesweges auf Jenen abzuhalten.

Mirjam, die stete Begleiterin ihres Freundes, betrachtete ihn mit ängstlicher Aufmerksamkeit. Sie kannte ihn zu gut, um nicht zu wissen, daß etwas Besonderes in ihm vorging, aber bevor er nicht sein Schweigen brach, wagte sie nicht, ihn in seinen Beobachtungen zu stören.

„Der Satanskerl hält gerade auf uns ab!" sagte Jan Blaufink, einen Augenblick das Fernrohr absetzend. „Das hat etwas zu bedeuten."

Das Auge des Barons war weniger seegeübt. Die Bewegungen eines Schiffes waren ihm nicht geläufig; doch bedünkte es ihm, als ob die Formen des fremden Seglers entschiedener hervorträten.

„Eine Viertelmeile näher!" rief der braune Wollkopf, und ein Zug wilder Freude verzerrte das verwegene Gesicht noch mehr. „Nicht eine Stunde dauert es und wir sind ihm auf Schußweite nahe."

„Denke an Dein Versprechen!" rief Mirjam ängstlich. „Du hast mir Dein Wort gegeben, Dich in keinen Kampf mehr einzulassen. Wir sind auf dem Wege nach dem Hafen der Ruhe."

„Nur noch dies ein e Mal!" jauchzte der Wollkopf auf. „Schau, wie stolz der Uebermüthige sich in meiner Gegenwart auf den Wellen wiegt! Das darf nicht sein. Bauchen sich nicht seine Segel auf, als wäre für keine Andern, außer ihm, Raum auf der See? Hollah, mein Junge! Wir wollen Dir die stolzen Flügel ein wenig beschneiden. Das ist das geeignete Messer dazu."

Er stieß mit dem Fuße gegen den Lauf des nahe

bei ihm stehenden Geschützes und brach in ein wildes Gelächter aus.

„Baron Eberhard, das wird ein heißer Morgen!" rief Jan Blaufink erregt. „Ich lege meine Hand darauf in's Feuer, daß es der braune Wollkopf ist. Er will uns jagen! Uns, den Jager! Laßt mich noch einmal genau hinschauen."

Die Mannschaft stand in zwei oder drei Gruppen vertheilt und hatte für den fremden Segler eine gleiche Aufmerksamkeit, als ihr Schiffer. Flüsternd theilten sie sich ihre Bemerkungen mit und machten sich Zeichen. Jetzt, als sie die laut gesprochenen Worte des Schiffers hörten, gaben sie laut ihre Zustimmung.

Der Baron antwortete Nichts. Er hielt die Lippen fest aufeinander gepreßt und schlang die Hände in einander.

„Klar Deck!" befahl Jan Blaufink rückgewendet und „Klar Deck ist es!" erschallte als Antwort zurück.

„Nein, nein!" rief Mirjam und umschlang den Geliebten mit beiden Armen. „Du sollst, Du mußt mir Dein Wort halten. Ein Unglück bricht über uns herein. Denke an meinen Traum."

„Zum Teufel mit Deinem Traum und mit der Träumerin dazu!" lachte der Wollkopf und machte sich mit Gewalt von ihr los. „Hollah Joho! Wie lautet der Schlachtgesang am Bord des Wollkopfs?"

Ein wildes Geheul war die Antwort, welche die Piraten ihrem Führer gaben.

Mirjam warf sich vor ihm nieder und umklammerte seine Kniee:

„Es gilt mein Leben und das Deinige! Du darfst mich nicht ungehört verstoßen. Keinen Fuß breit weiter auf dieser Bahn! Er führt uns in den Abgrund!"

„Hinunter denn bis auf den Boden der See!" antwortete er mit gellendem Lachen. „Aber dann nicht ohne Sang und Klang. Klart die Bugkanone!"

Die Lage des Piratenschiffes war so, daß die Kugel, wenn die Bugkanone abgefeuert wurde, gerade die Breitseite des Jager treffen mußte. Der Führer desselben bemerkte die Bewegung auf dem feindlichen Deck und rief:

„Er will uns eins versetzen! Abfallen! Drei Striche und mehr!"

Das Manöver wurde genau befolgt. Als der weiße Dampf von dem Piratenschiffe aufstieg und die Kugel ihren Lauf begann, hatte der Jager eine andere Lage. Zischend flog der Eisenball hinter demselben weg.

„Und nun geben wir klein bei, bis wir einen

tüchtigen Schlag machen können! Hollah! Alle Segel
bei! Wenn der Wollkopf uns auf der Flucht sieht,
verliert er den Verstand vor lauter Lust. Ein flie=
hendes Schiff vor seinem Buge ist nichts anderes, als
gebratener Speck in einer Mausefalle, wenn die Ratten
an Bord kommen! Nicht so still, Baron Eberhard!
Es wird ein lebendiger Tag. Habt ein wenig Acht
auf die Geschütze, wenn es beliebt."

Der Baron ging. Die Geschütze waren klar zum
Abfeuern. Die glimmende Lunte lag daneben. Von der
Mannschaft des Jager stand Jeder an seinem Platze,
entschlossen, mit ihrem mannhaften Führer zu stehen
und zu fallen.

Die Jagd begann. Dahin sauste der Jager und
die Feluke sauste hinter ihm drein. Der Wind gab
sich stärker auf, allein Keiner von Beiden dachte daran,
auch nur einen Fuß breit Leinwand zu bergen. Die
Fahrzeuge lagen so tief nach See über, daß die Schanz=
kleidungen unter Wasser standen.

Jan Blaufink blieb kalt und ruhig. Der Baron
stand unweit von ihm, bleich und mit geschlossenen
Lippen. An Bord der Feluke hatte sich der Wollkopf
auf seine Bugkanone gestellt und sein zerrissenes Ge=
sicht glänzte vor teuflischer Lust. Mirjam lag wim=

mernd am Boden und bat mit flehendem Tone, dieser entsetzlichen Jagd ein Ende zu machen.

Der Wollkopf antwortete mit einem Fluch und rief mit lauter Stimme über Deck:

"Feuert die Bugkanone ab und rennt ihm den Spiegel ein!"

Der Befehl ward vollzogen. Der Schuß donnerte über die See hin. Hundert Schritte vor dem Spiegel des Jager fiel die Kugel ermattet nieder.

"Fehlgeschossen, mein Junge!" sagte Jan Blaufink lachend. "Alle Schläge treffen nicht, das wußte ich schon, da ich als Jan Kostkind auf dem Neptunswerft umherlief. Aber nun ist es Zeit, dem Spiel ein Ende zu machen und mit Ernst an unser Werk zu gehen. Hollah, alle Mann!"

Seine Matrosen standen um ihn her und hörten aufmerksam zu. Er unterrichtete sie von dem gefährlichen, wagehalsigen Manöver, welches er beabsichtigte. Als er endete, brachen sie in ein lautes Hussah aus. Er reichte dem Aeltesten die Hand und sagte:

"Das ist gut, Jungens. Entweder wir fallen in einem ehrlichen Kampfe, oder wir fangen einen Hund von Piraten, der mehr als hundert Menschenleben auf seinem Gewissen hat, und für ein gutes Prisengeld soll uns nicht bange sein."

Die Matrosen drückten ihre Zufriedenheit durch ein wohlgefälliges Schmunzeln aus, worauf Jan Blaufink sagte:

„Baue auf Euern Muth, Jungens. Glaube aber, daß es damit nicht allein gethan ist. Wir sind doch nur zerbrechliche Geschöpfe, die von einem halben Loth Blei niedergeworfen werden, um nie wieder aufzustehen. Weiß nicht, wie Ihr es mit Eurem Gewissen haltet; aber ich meines Theils glaube, daß es mit allem Menschenwerk ein thörichtes Ding ist, wenn nicht der liebe Herrgott seine Hand darüber hält, und darum denke ich ein Wort mit ihm zu reden, wie es mir gerade aus dem Herzen kommt."

Er zog den Hut und faltete andächtig die Hände. Seine Lippen bewegten sich. Seine Augen leuchteten.

Die Hüte der Matrosen fielen zu Deck und die harten braunen Finger flochten sich in einander. Und es war kein Auge, welches nicht wunderbar erglänzte, als mitten im sausenden Fluge ein leichtbeschwingter Fregattenvogel senkrecht aus der Höhe herabschoß und auf der Raa der Breitfock sich niederließ.

„Das ist ein gutes Zeichen!" rief Jan Blaufink, wundersam ergriffen von diesem Ereigniß. „Wir sind geborgen! Hollah, alle Mann an's Werk!"

Die von dem jungen Schiffsführer schon im Voraus gegebenen Befehle wurden mit der größten Pünktlichkeit vollzogen. Jede Bewegung des Jager wurde von dem Verdecke des Piraten aus mit leichtem Staunen bemerkt, das allmählich in ein lautes Aufjauchzen überging.

Das Toppsegel senkte sich und die Breitfock wurde in die Gey gestellt. Der Jager, eben noch mit der Feluke im rasenden Wettlauf dahinsausend, strich seine Segel und drehte in den Wind.

„Er kann nicht weiter!" lachte der Wollkopf. „Den haben wir!"

Mirjam richtete sich vom Boden auf und sah erstaunt zu dem Freunde auf.

„Siehst Du nun", rief er ihr zu, „wie thöricht Du warst, mir diesen letzten Kreuzzug zu mißgönnen? Ha! Ha! Da kommt auch sein Wimpel zu Deck. Vollständig ergeben auf Gnade und Ungnade! Nun wartet, Ihr holländischen Hunde! Ich schleppe Euch mit mir in unser Paradies. Ihr sollt mir Sklavendienste thun Euer Lebelang."

Die Piraten stießen ein wildes Geheul aus, das ihrem Entzücken Ausdruck geben sollte.

Nur noch kurze Zeit und die Feluke war dem Jager so nahe gekommen, daß eine Flintenkugel das Deck derselben erreichen konnte. Der Wollkopf hatte sein Fernrohr zur Hand genommen:

„Drei Kerle stehen umher und schauen so schafmäßig drein, als hätten sie eine achttägige Seekrankheit überstanden. Würde sie Einen nach dem Andern niederschießen, wie verstürmte Möven, wenn ich sie nicht als lebendiges Zugvieh in meine neue Colonie schleppen wollte. Lache, Mirjam, lache! Die beiden Stärksten sollen Deine Sänfte tragen."

Und Mirjam lachte.

„Boot über Bord!" rief der Wollkopf und der Befehl wurde alsbald in Ausführung gebracht. „Sechs Mann hinunter mit Pistolen und Enterbeilen. Setzt Euere Ruder ein und entert zu Deck, so schnell Ihr könnt! Es lohnt nicht, daß ich selbst eine Hand an diesen erbärmlichen Gesellen lege."

Das Boot stieß ab. Es schnitt durch die kristallklare Fluth und legte dem Jager seitlängs. Der Schiffer erschien auf dem Fallreep, den Hut in der Hand, als empfange er liebe Gäste. Die Piraten stiegen unbehindert auf das Deck. Ihr Erscheinen brachte nicht die geringste Veränderung hervor. Es blieb still, wie vorher.

Der Wollkopf sah es und es berührte ihn unheimlich:

„Schläft dort Alles und haben sich die Unserigen ihnen beigesellt? Hollah! Feuert ab die Bugkanone! Feuert! Feuert!"

Der Befehl ward mit solcher Hast gegeben und ausgeführt, daß an ein genaues Zielen nicht zu denken war. Die Kugel flog über das Deck des Jager hin. Dort blieb es still, wie zuvor.

„Mir ist es, als hätte ich das Fieber! Mirjam bringe mir einen Trunk! — Hörst Du, Weib? — Warum krümmst Du Dich am Boden?"

„Mann! Es ist der entsetzliche Traum, der in mir am hellen Tage zum zweiten Male lebendig wird."

„Du sollst nicht träumen, Du sollst wachen. Es waren die besten sechs Kerle, die ich absandte, und sie kommen nicht wieder und ich .... Das halte ich nicht aus! Hollah! Die Heckjolle her!"

Mit finstern Gesichtern, langsam und verdrossen wurde der Befehl ausgeführt. Die beiden Piraten, welche sich mit derselben herabgelassen hatten, blieben darin sitzen.

„Ich will selbst hinüber!" rief er und schnallte den Pistolengurt fester. „Bringt mir meinen Säbel!"

Mirjam warf sich ihm in den Weg: „Ich lasse Dich nicht! Herbei, Ihr Leute! Helft! Haltet ihn!"

„Zurück, Weib!" schrie er ihr zu und schleuderte sie beiseite.

Mit einem Sprunge war er auf dem Fallreep.

Jan Blaufink stand, am Mast gelehnt und horchte, den Kopf seitwärts geneigt:

„Hört Ihr das, Baron Eberhard? Die Mäuse sitzen in der Falle und pfeifen! Ein vortreffliches Kunststück! So fingen wir die dummen Jungen weg, welche uns am heiligen Dreikönigstage den Spaß verderben wollten! Stück vor Stück in die Schlinge und die Hände auf den Rücken gebunden in den Raum hinunter. Das Werfen habe ich gelernt."

„Kein Fehlschlag darunter!" sagte der Baron.

„Ein Fehlschlag wäre unser Aller Tod gewesen!" antwortete Jan Blaufink ernst.

„Ich bewunderte Euer kaltes Blut!"

Dem jungen Schiffsführer schwebte ein rasches

Wort auf den Lippen, allein er unterbrückte es ebenso schnell, als es entstand, und sagte nur:

"Entweder! Oder! — Aber da kommt ein neuer Kamerad! Wollkopf schickt seine Heckjolle, um das Boot zurück zu beordern. Arme Heckjolle, Deine Tage sind gezählt."

Die Heckjolle näherte sich. Das Boot des Jager stand der Länge nach auf dem Verdeck. In demselben raschelte es. Das darüber gespannte Leinen bewegte sich. Es ward ein Kopf sichtbar. Aber ebenso schnell, als er auftauchte, war er wieder verschwunden, als Jan Blaufink leise pfiff.

"Können es nicht abwarten!" sagte er, in sich hineinkichernd. "Die Schlinge in ihrer Hand wird glühendes Feuer. Nun, mir prickelt es auch in den Fingern und ich wollte, es wäre zu Ende."

Der Wollkopf sprang auf das Verdeck. In demselben Augenblicke flog aus dem Boot ein verschlungenes Tau. Ein anderes kam vom Halbdeck her. Beide wurden so geschickt geworfen, daß die an den Enden der Taue befindlichen Schlingen dem Piraten über den Kopf fielen. Ehe er sich ihrer erwehren konnte, wurden sie fest angezogen. Er stürzte laut brüllend zu Boden. Seine beiden Genossen, die auf dieses Geschrei dem Führer folgten, hatten dasselbe Schicksal.

Eine Stunde später bot sich ein völlig veränderter Schauplatz dar.

Jan Blaufink hatte sich in das Boot der Piraten begeben und den größten Theil seiner Leute, alle wohlbewaffnet, mitgenommen. Sie ruderten von dem Jager ab zu der Feluke, an deren Bord nur noch vier Männer zurückgeblieben waren. Der Widerstand derselben war gering. Sie feuerten ihre Pistolen ab und zwei Matrosen des Jager trugen leichte Wunden davon. Ehe neu geladen werden konnte, war Jan Blaufink oben und seine Braven folgten ihm nach.

Das Gefecht war kurz und entscheidend. Die Piraten ergaben sich auf Gnade und Ungnade. Der Steuermann des Jager wurde zum Prisenmeister ernannt und von dem Topp des Piratenschiffes wehte die holländische Flagge.

Jan Blaufink war an Bord seines Jager zurückgekehrt. Mirjam's Flehen hatte ihn gerührt. Er nahm sie mit, um das Schicksal ihres geliebten Freundes zu theilen.

„Mit einem Weibe führe ich keinen Krieg!" sagte er, als er ihr die Treppe zeigte, welche zu den Gefangenen unter Deck führte. „Aber damit Ihr nicht die Schlinge löst, welche ich erst mühsam geknüpft habe, will ich Euch einen Wächter mitgeben, der jeden Euerer Schritte bewacht."

Auf seinen Befehl begleitete einer der Matrosen die schöne Mirjam in den Raum. Laut schreiend warf sie sich neben dem Geliebten in die Kniee:

„Nun ist mein Traum in Erfüllung gegangen!"

Der Wollkopf verharrte in finsterem Schweigen. Als endlich der Thränenquell des Weibes versiegte und sie im stummen Schmerz neben ihm saß, wandte er den Kopf nach ihr um und sagte:

„Mirjam, wenn wir in Batavia ankommen, schleppen sie mich vor Gericht und hängen mich, wie einen gemeinen Dieb!"

Sie schluchzte krampfhaft.

„Ich muß sterben wie ein Hund und bin doch ein großer Krieger gewesen, der die Javasee erzittern machte, Jahre lang. Mirjam, wirst Du es leiden, daß ich am Galgen ende, weil ich nicht mit dem Schwerte in der Hand habe fallen können?"

„Nein!" sagte sie entschlossen. „Du wirst ihnen nicht zum Schauspiel dienen. Du sollst frei eingehen in das Paradies Deiner Väter."

„Ich habe das von Dir erwartet, Mirjam!"

„Du wirst nicht mit Schimpf beladen vor ihnen erscheinen und ich werde Dich auf Deinem letzten Wege begleiten."

Er sah sie mit leuchtenden Augen an.

„Ich habe genug für uns Beide!" flüsterte sie noch leiser. „Aber wende Dein Angesicht von mir und thue, als ob Du schliefest. Der Wächter, den sie mir mitgaben, sieht uns mißtrauisch an und bewacht jede unserer Mienen."

Sie erhob sich aus ihrer knieenden Stellung und fuhr laut zu sprechen fort:

„Du willst trinken? Wenn ein Wassertropfen durch Bitten und Thränen zu erlangen ist, sollst Du ihn haben. Ihr Leute! Erbarmt Euch eines armen, wunden Mannes, dessen Zunge brennt, und gebt mir für ihn einen Tropfen Wasser."

Sie ging von Einem zum Andern und kehrte mit einer halbgefüllten Calabasse zurück.

„Geliebter!" flüsterte sie. „Hier ist der Schlüssel, der Dir die Freiheit giebt. Bist Du bereit?"

„Ich bin es!" entgegnete er fest. „Mache ein Ende und gieb ihn mir."

Sie setzte die Calabasse an und trank. Er konnte

einen Schrei nicht unterdrücken. Zusammenschauernd sprach sie:

„Dies war mein Antheil, jetzt gebe ich Dir den Deinigen."

Sie hielt ihm die Calabasse vor, die er bis auf den letzten Tropfen leerte; dann schleuderte sie diese weit von sich, umschlang den Geliebten mit beiden Armen und blieb regungslos neben ihm liegen.

Während dieser Zeit liefen der Jager und die Feluke, nahe hinter einander, mit frischer Brise dahin. Der Baron ging mit dem jungen Führer des Erstern im ernsten Gespräch auf und ab.

„Ihr dürft Euch nicht entschuldigen", sprach der Seemann. „Ihr seid mein Passagier und waret zu Nichts verbunden. Was Ihr thatet, ist nicht wenig und ich bleibe Euch zu Dank verpflichtet. „Wenn Ihr es mir indessen nicht übel deuten wollt, will ich Euch in Bezug auf Euere Person einen Rath geben."

„Sprecht, Herr."

„Wer weiß, wie Euere Angelegenheit in Batavia steht. Ihr dürft das Land nicht eher betreten, als bis wir darüber im Klaren sind. Meine Leute müssen aber vom Gegentheil überzeugt sein. Jedes ankommende Schiff wird sogleich von einer Unzahl kleiner

Malayenboote umringt und man sagt ihnen, daß Ihr mit einem derselben abgefahren seid, was in dem Tumult ganz glaublich klingt. Unterdessen bleibt Ihr in der Kajüte, wo Ihr Seemannskleider finden sollt. Euere Sorge ist dann, Euer Gesicht möglichst zu verstellen, damit man Euch nicht kennt."

„Ich glaube, daß mir das gelingen wird!" antwortete der Baron mit einem vieldeutigen Ausdruck.

„Und nun gebt Euch keinen trüben Erinnerungen mehr hin!" sagte Jan Blaufink. „Das Glück hat diesem Schiffe einen solchen Sonnenblick zugeworfen, daß kein Schatten auf demselben haften darf."

Das Gespräch wurde durch ein lautes Geschrei unterbrochen, welches aus dem Raum herauf drang. Der Wächter stürzte mit bleichem Gesicht die Treppe herauf und rief:

„Herr! Ein Unglück! Der Wollkopf . . .."

„Ist er los?" fragte hastig Jan Blaufink.

„Nein, Herr. Er ist todt. Das Weibsbild gab ihm zu trinken . . . . Sie ist auch todt . . . . Kommt doch nur selbst."

Der Capitain und der Baron folgten dem Wächter. Gleich darauf standen sie vor den Leichen des Wollkopfs und seiner treuen Geliebten.

„Es ist schade, daß wir die Bestie nicht lebendig an die Compagnie abliefern können", sagte Jan Blaufink nach einer Pause. „Aber von dem Weibe gefällt es mir, daß sie ihren Liebsten nicht an dem Galgen baumeln sehen wollte und frischweg mit ihm in die andere Welt abmarschirte. He! Hollah! Was giebt es?"

Es war die Stimme des Mannes auf dem Ausguck, die von oben herunterschallte. Laut und vernehmlich erklang es:

„Land in Sicht!"

Zwei, die zusammen gehören.

Ganz Batavia in Aufruhr. Die Rhede dicht gedrängt mit kleinen, schnellruderigen Malayenbooten und anderen Jollen und Schaluppen besetzt. Der Strand mit Menschen besäet, die auf irgend eine Art und Weise ihre Empfindungen kund geben. Ein wirres Rufen, Kreischen und Schreien durcheinander; ein Ohren zerreißendes Singen, Lachen, Toben und Fluchen. Hier klingt ein Tantam, dort schlägt Einer, um seine Lust an Etwas auszulassen, mit einer eisernen Keule auf einen zerbrochenen Buganker, der auf dem Werft liegt.

Noch vor einer Stunde war es ruhig. Man hatte zwar zwei Segler gesehen, die sich der Rhede näherten. Aber das geschah und geschieht alle Tage; wer giebt etwas darauf? Kaum hatten die beiden Segler ihre Anker ausgeworfen, als ein Boot die große Hafenbrücke erreichte und der Malaye, der es ruderte, mit einem Satze an das Land sprang. Er war so aufgeregt, daß er den Zusammenhang nicht finden konnte und mit vieler Mühe die Worte herausstieß: "Wollkopf gefangen!"

"Wollkopf gefangen!" Es waren zwei Worte, die blitzartig zündeten. Gab es in Batavia Jemand, der nicht wußte, wer mit diesem Namen gemeint war? Und Jeder, der dies wußte, kannte auch die Schrecknisse, welche der kühne Pirat verbreitete, der das Entsetzen der Sundastraße war. Tausend Geschichten, eine noch schrecklicher und haarsträubender, als die andere, waren von diesem Räuber im Umlauf. Bei Nennung seines Namens zitterte der Fischer, der seine Netze in die See senkte, nicht minder, als der einsam wohnende Pflanzer, wenn er den Blick über die See gleiten ließ, und am fernen Horizont ein Segel auftauchte. Es konnte ja der Gefürchtete sein.

Und Alles dies, was Jeder selbst erlebte und erfuhr, was mit Flammenzügen in jedes Herz gegraben war, sollte nun plötzlich der Vergangenheit gehören. Der Wollkopf war todt. Fortan lebte er nur noch im Liede, als eine Sage, als eine Mythe, als ein Schattenbild vergangener Tage. Das ist etwas Staunenswerthes, etwas Unglaubliches! Noch mehr, es ist ein Wunder!

Ja, ein Wunder! Und wer hat es vollbracht? Wem dankt Batavia diesen Segen? Wie lautet die Antwort auf diese Frage?

Der erste Malaye, der die Worte sprach: „Wollkopf gefangen!" wußte es nicht. Ihm genügten die beiden Worte, die er mit lauter Stimme ausrief und damit einen Feuerbrand in einen Strohhaufen schleuderte, der hoch aufprasselte.

Aber bald kamen Mehrere. Die eine große Gruppe lösete sich auf und kleinere bildeten sich strandauf und strandab auf den Brücken, in den Straßen und in den Schenken. Der Arrac floß und machte die Zungen lebendig. Und das Gerücht ist dargestellt als ein schnellfüßiger Knabe in einem Gewande, welches mit tausend Zungen bemalt ist.

Das Gerücht ist ein unverschämter Gesell. Er begnügt sich nicht mit einem harmlosen Geschwätz auf offener Straße. Er bringt bis in das Innere der Häuser, in die Comptoirs der Mynheers, in die träumerischen Boudoirs der Damen. Er erschreckt die Alten, die eine Furcht vor jedem Ereigniß haben, welches die gewohnte Einförmigkeit ihres Lebens zu erschüttern droht. Er ist zugleich ein lieblicher Zauberer, der die Phantasie der Jugend mit wunderbaren

Bildern erfüllt und eine ideale Welt vor ihnen aufbaut, wovon in der Wirklichkeit keine Spur aufzufinden ist. Raschen Schrittes steigt er die Treppe hinan, welche in die Räume führt, darin sich die Herren von der ostindischen Compagnie zu versammeln pflegen, wo die großen Packräume sind, woselbst die Seele ihren Sitz hat, die den riesigen Körper lenkt, dessen einzelne Glieder sich über die Oceane ausbreiten und von Japan nach Rotterdam, von Batavia nach Vlissingen reichen.

Die Schiffe, welche dieses Aufsehen erregten, liegen längst vor ihren Ankern. Es sind ein Jager der Compagnie und eine dreimastige Feluke mit festem Oberdeck und zwei eisernen Geschützen. Eine Staatenschaluppe mit Matrosen und eine zweite mit Soldaten der Compagnie angefüllt, sind bereits dorthin abgegangen. Am Bord befindet sich ein Officier, der den Transport der Gefangenen zu leiten hat. Ihn begleitet ein Clerk der Compagnie, welcher seine Station am Bord der Feluke nimmt, um die auf derselben befindlichen Waaren und Contanten festzustellen und darnach die Prisengelder zu bestimmen. Außerdem aber hat er den Befehl, den Commandanten des Jager aufzufordern, sich ungesäumt an das Land zu begeben und sich in dem Hause der Compagnie zur Berichterstattung einzufinden.

„Ich will so thun, Herr", entgegnete Jan Blaufink. „Und ich hoffe, die Mynheers werden mit der kleinen Morgenarbeit zufrieden sein. Es hat sich gerade nicht mehr thun lassen."

Es erfolgte darauf keine Antwort. Die großen Herren Clerks sind den kleinen Capitainen gegenüber sehr sparsam mit Entgegnungen. Die Compagnie ist ein unantastbares Heiligthum und die einzelnen Glieder dürfen der Würde derselben Nichts vergeben.

Die Gaffer am Lande hatten vollauf zu schauen. Erst kamen die Soldaten, welche die gefangenen Piraten in Sicherheit brachten. Höhnen und Lachen auf der einen Seite, Flüche und Verwünschungen auf der andern.

Bald darauf folgte ein zweites Boot. Es enthielt die Leichen des braunen Wollkopfs und seiner geliebten Mirjam. Die Menge verharrte im tiefen Schweigen, als die Todten durch ihre Reihen getragen wurden. Bei diesem Anblick starb selbst die Verwünschung in dem Munde Derer, die von dem kühnen Piraten seiner Zeit geschädigt wurden.

Mit dem dritten Boote kam der Führer des Jager. Bis vor einigen Wochen war er für Batavia ein unbekannter, aller Welt gleichgültiger Mann, von dem nur seine Vorgesetzten wußten. Jetzt schwebte sein Name auf allen Lippen und sein Lob lebte in Jedermanns Munde.

„Hurrah, Capitain Blaufink! Hurrah!"

Das Jubelgeschrei setzte sich fort. Ein alter Domine, der das Amt des Geistlichen im Hospitalschiff bekleidete, drängte sich bis zu dem jungen Seefahrer durch und sagte:

„Saul schlug tausend Philister todt, Du aber deren zehntausend!"

„Ja", entgegnete Jan Blaufink mit Laune. „Und noch dazu ohne Eselskinnbacken. Ich bitte Euch, Leute, macht nicht so viel Wesens von einem Dinge, von dem ich selbst nicht weiß, wie es hat geschehen können, und laßt einen ruhigen Mann ruhig seinen Weg fortsetzen. Platz, lieben Leute! Platz!"

„Platz! Platz für den Herrn Capitain! Platz!"

„Erst machen sie mich zum Capitain und dann setzen sie noch einen Herrn darauf. Hätte ich den Wollkopf laufen, oder mich von ihm fangen lassen, wäre ein verkommener Halbmatrose noch zu viel Ehre für mich. Es ist schon gut, Jungens. Laßt mich gehen, damit ich den Befehlen der hochmögenden Herren nachkommen kann."

Endlich gelang es ihm, sein Ziel zu erreichen. Die Mynheers empfingen ihn mit würdevollem Schweigen und leisem Kopfnicken; darauf wurde er aufgefordert, seinen Bericht zu erstatten. Er that es mit der größten Ausführlichkeit. Ein anwesender Schreiber brachte Alles zu Papier. Als der Gegenstand völlig erschöpft war, wandte sich der Vorsitzende mit einigen Worten an die übrigen Mynheers und sagte darauf zu dem Führer des Jager:

„Es ist gut, Schiffer. Ihr könnt jetzt nach Euerem Belieben gehen, wohin Ihr wollt. Morgen um dieselbe Stunde habt Ihr Euch hier wieder einzufinden, um neue Ordre zu empfangen."

Jan Blaufink entfernte sich. Er strich in der Stadt umher. Ihm lag noch eine andere Angelegenheit am Herzen, nämlich die des Barons, der in seiner Kajüte auf Nachricht wartete. Nachdem er an mehreren Orten vergebens Nachfrage gehalten, begab er sich nach dem Hause, woselbst die französische Dame, Madame Hortense, ein Caffeehaus hielt, welches von allen Schichten der Gesellschaft besucht wurde. Die

Neuigkeiten, die er daselbst erfuhr, waren nicht die besten. Dies und der kühle Empfang der Mynheers versetzten ihn in nicht besonders heitere Laune und verstimmt kehrte er an Bord des Jager zurück.

Er hatte keine Ahnung von Dem, was hinter seinem Rücken am Lande geschah. Diejenigen Kaufleute, welche nicht zur Compagnie gehörten und ihre Waaren, welche über See gingen, nicht durch stark bemannte Kanonenschiffe geleiten lassen konnten, waren von einer großen Angst befreit. Sie befanden sich in einem Gefühle der Sicherheit, wie ihnen solches lange nicht zu Theil ward, und in diesem Zustande irdischer Glückseligkeit beschlossen sie, dem Schiffer desselben einen Beweis ihrer Dankbarkeit zu geben.

Schiffer Blaufink betrat seine Kajüte. Niemand hatte ihm gesagt, daß ihn dort Jemand erwarte. Erstaunt sah er auf den fremden Mann, der sich bei seinem Eintritt erhob:

„Wer seid Ihr, wenn es beliebt?"

„Meine Verkleidung muß also gelungen sein, da Ihr mich nicht erkennt, obgleich ich nahe vor Euch stehe!" war die Antwort.

„Baron Eberhard!" rief Jan Blaufink. „In der

That! Ich hätte Euch nicht in diesem Aufzuge vermuthet. Ein Seemann ganz und gar."

„Ihr seht, ich habe Euern Rath befolgt. Vielleicht ohne Noth."

„Nein, Herr Baron", entgegnete Jener. „Ihr seid der Maske sehr bedürftig, und wer weiß, ob Ihr sie während Euerer Anwesenheit in Batavia ablegen dürft. Die größte Vorsicht ist nöthig, läßt Euch Madame Hortense sagen, die alle Euere Sachen, welche nicht so schnell an Bord gebracht werden konnten, in Verwahrsam genommen hat. Von ihr werdet Ihr das Nähere erfahren. Euer Gegner ist an seiner Wunde gestorben und seine Verwandten haben Euch blutige Rache geschworen."

Der Baron hatte sich niedergelassen. Er sprach kein Wort und sah unbeweglich vor sich hin. Der junge Schiffer blickte ihn mit Theilnahme an und sagte:

„In das Unvermeidliche muß man sich fügen, Herr. Es Euch so leicht zu machen, als nur immer möglich, will ich Euch aus allen Kräften behülflich sein. In dem Aufzuge, darin Ihr Euch jetzt befindet, habt Ihr nichts zu befahren. Kein Mensch vermuthet in der schlichten Matrosenjacke einen Cavalier von Euerem Range. Fahrt getrost in einem Malayenboot an's

Land. Die französische Madame hält eine Stube für Euch bereit."

"So lebt denn wohl", entgegnete der Baron. "Habt Dank für Euern Beistand und laßt mich hoffen, daß wir uns bald sehen."

"Heute noch spreche ich bei Euch vor. Nach wem frage ich dort? Unter welchem Namen wollt Ihr in Batavia leben?"

"Nennt mich Willy. Ich hatte früher einen treuen Diener dieses Namens. Bei dem Klange desselben fühle ich mich stets angenehm berührt."

"Nun denn, Meister Willy, wenn es so beliebt, geht unter Gottes Schutz. Ich kann nicht frei über meine Person verfügen, denn ich stehe im Dienste der Compagnie, und was diese über mich beschließt, soll ich morgen früh erfahren. Was mir an freier Zeit übrig bleibt, soll Euch gewidmet sein."

Der Baron mit dem Matrosennamen Willy ging an's Land. Einer der Leute trat in die Kajüte und meldete, den Hut in der Hand:

"Capitain Rose vom Hamburger Schiff „Elbe" läßt Euch grüßen und seine Segelordre lautet auf nächsten Dienstag. Wenn Ihr Etwas auszurichten habt, will er es gern besorgen. Ihr hättet von dergleichen mit ihm gesprochen."

"Geht, Mann!" antwortete der Schiffer in reger Hast. "Ich lasse dem Capitain Rose für seine Gefälligkeit danken und werde selbst bei ihm an Bord kommen. Morgen mit dem frühesten."

Der Mann ging. Jan Blaufink blieb mit sich allein. Der Name Hamburg hatte seine leisesten Empfindungen geweckt:

"Meine Mutter! Wie lange sah ich sie nicht und wie sehne ich mich nach ihr. Sehnsüchtig mag sie auf Nachricht hoffen. Aber mit dem Schreiben will es nicht immer recht von der Hand, und was ich bisher für sie thun konnte, war nur wenig. Vielleicht geht es von jetzt ab besser. Arme Mutter! Und den, den ich suchen ging, habe ich noch immer nicht gefunden. Wenn ich von der Compagnie loskäme und der Capitain Rose bedürfte eines Steuermannes. Pah! Was das für dumme Gedanken sind. Will mich auf's Ohr legen und einschlafen, dann vergehen die Grillen. War eine stürmische Zeit die letztvergangene und ein Bischen Ruhe wird mir wohlthun."

Der junge Schiffer erhob sich neu gestärkt am an=

dern Morgen. Er rüstete sich, um vor den Herren von der Compagnie zu erscheinen, und wollte vorher dem Baron noch einen Besuch machen.

Da ward ihm die Meldung, daß ein Boot vom Lande seitlängs gelegt habe. Drei Mynheers befänden sich in demselben, die mit dem Führer des Jager zu sprechen wünschten.

Die Mynheers erschienen. Jan Blaufink empfing sie freundlich und fragte nach ihrem Anliegen. Der Aelteste von den Dreien nahm das Wort:

„Wir erscheinen hier für uns und im Namen aller zu Batavia ansässigen Kaufleute, die nicht zu der Compagnie in irgend einer Beziehung stehen. Wir haben mit großer Befriedigung von dem Heldenstück gehört, das Ihr bestanden habt. Durch den Tod des gefährlichen Piraten ist die Kaufmannschaft von einer großen Noth befreit. Wir können wieder frei Handel treiben, ohne Furcht, daß der Gewinn von heute uns Morgen von räuberischen Händen entrissen wird. Wir sind ausersehen, Euch den Dank Aller auszusprechen, welcher hiermit aus vollem Herzen und unter unbeschränkter Anerkennung Eures wackeren Benehmens geschieht."

Die beiden Begleiter des Redners pflichteten dem

bei. Jan Blaufink wollte diese Danksagungen unterbrechen, allein Jener ließ es nicht zu, indem er fortfuhr:

„Erlaubt vielmehr, Mynheer, daß wir den Auftrag, der uns geworden ist, seinem ganzen Umfange nach ausrichten. Ein junger Mann von Euern Fähigkeiten darf nicht auf der Stelle, die er einnimmt, stehen bleiben. Er muß sich vorwärts bringen, und wenn er es nicht vermag, müssen es Andere für ihn thun, die dann selbst den Nutzen davon haben. Die größte Macht, die es auf Erden giebt, ist das Gold. Mit diesem Schlüssel öffnet Ihr jedes Schloß. Nicht um Euch ein bereits erworbenes Verdienst abzukaufen, sondern um Euch in den Stand zu setzen, der Allgemeinheit fernere und größere Dienste zu leisten, hat unsere Genossenschaft als ein Ehrengeschenk für Euch die Summe von zweitausend Dukaten aufgebracht, welche ich Euch hiermit aushändige, mit der bringenden Bitte, es gut zu heißen und uns nicht durch eine Ablehnung zu kränken."

Die drei Mynheers hatten große Mühe, den jungen Schiffer zu überzeugen, daß er die ihm dargebotene Summe annehmen könne, ohne sich irgendwie Etwas zu vergeben. Als es ihnen endlich gelungen war, entfernten sie sich mit Versicherungen fortdauernder Dienstbereitschaft. Jan Blaufink aber, den Schatz beschauend, der ihm so unerwartet zugefallen war, rief unwillkührlich aus:

„Das muß wahr sein! Capitain Rose segelt zur rechten Zeit nach Hamburg."

———

Zur bestimmten Stunde war Jan Blaufink vor den Colonialherren erschienen. Die Mynheers zeigten eine strenge Amtsmiene und der Worthalter begann mit verweisendem Tone:

„Schiffer, Ihr seid vor uns geladen, um das gerechte Mißfallen entgegen zu nehmen, welches die Compagnie Euch gegenüber hegt, indem Ihr der Ordre, welche man Euch ertheilte, nicht strickte nachgekommen seid, vielmehr dieselbe willkührlich übertreten habt."

„Erlaubt, Mynheer . . ." sagte Jan Blaufink, indem das Blut ihm in das Gesicht stieg, allein der Worthalter unterbrach ihn:

„Ihr seid hier erschienen, um zu hören, nicht aber um zu sprechen. Der Befehl lautete, den Piraten, welcher den Namen brauner Wollkopf führt, aufzuspüren und Nachricht über ihn hierher gelangen zu lassen, nicht aber, ihn anzugreifen. Ein tollkühnes Wagestück welches das Eigenthum der Compagnie gefährdete, wenn es mißlang."

„Es ist aber nicht mißlungen!" rief Jan Blaufink.

„Euch ward schon einmal bedeutet, daß Ihr hierher geladen seid, um zu hören!" entgegnete der Worthalter. „Gehorsam stricte nach der Ordre, ist die erste und einzige Pflicht des Mannes. Dem Bruch derselben folgt die Strafe auf dem Fuß. In Anbetracht des glücklichen Ausganges, den Euer Tollmannswerk hatte, wählt die Compagnie die mildeste Form, indem sie Euch des Dienstes entläßt."

„Man entläßt mich?"

„So thut man und es wird Euch wohl nicht allzu sehr grämen, wenn man Euch mit dem ehrenvollen Abschiede zugleich das Patent als Lieutenant der holländisch=ostindischen Flotte ertheilt. Nehmt es hin, Mynheer."

Heller Sonnenschein flog über das Gesicht des jungen Seemannes:

„Ist es denn gewiß und wahrhaftig wahr?"

„Es ist so und Ihr dürft jetzt auch das Geschenk der Kaufleute unbedenklich nehmen, was sonst noch erst der Genehmigung der Compagnie bedurft hätte. Dem Gesetz mußte genügt werden, Mynheer; deshalb Euere

Entlassung. Aber die Compagnie ist nicht undankbar und weiß die guten Dienste, welche Ihr ungeheißen leistetet, wohl zu würdigen. Ihr werdet es erfahren, wenn Ihr Euer fälliges Gehalt von der Kasse einzieht. Was die Prisengelder anbetrifft, so werden Euch solche bei Heller und Pfennig ausbezahlt werden, sobald die Angelegenheit geordnet ist. Ihr könnt nun abtreten, Herr Lieutenant. Die Compagnie wünscht Euch für Euere künftige Laufbahn das beste Glück. Einem Lieutenant der ostindischen Flotte kann die Capitainschaft des besten Kauffahrers nicht fehlen."

Ein Wink mit der Hand und Jan Blaufink war entlassen. Ein Clerk, der im Vorgemache auf ihn wartete, führte ihn in die Kasse und er empfing dort außer seinem Gehalt ein ansehnliches Ehrengeschenk zum Dank für außerordentliche Dienstleistungen.

Jan Blaufink war wie von einem Traum befangen. Er gelangte an Bord, er wußte nicht wie. Sein Nachfolger im Commando erschien und er kehrte nach einem kurzen Abschiede von seinen Leuten, die ihm heldenmüthig beistanden, in der gleichen Stimmung zurück. Erst als er in dem Hause „Zur Stadt Amsterdam" angelangt war, wo Seeleute herbergen, und sich daselbst in die Einsamkeit eines Zimmers zurückzog,

gelang es ihm, seine Gedanken zu sammeln und seine
völlig neue Lage zu übersehen.

Draußen war es lebendiger. Auf einer Rhede,
wie die von Batavia ist, giebt es stets etwas Neues.
Schiffe gehen und kommen von nahe und fern. Wenn
ein Fahrzeug ankert und die ersten Arbeiten gethan
sind, strömt das Volk zu Lande und tobt die lange
verhaltene Lust auf den Straßen aus. Da klingelt
das Geld in der Tasche. Es hüpft auf und nieder,
als wäre es lebendig, und hat nicht Ruhe noch Rast,
bis es wieder in alle Winde verflogen ist. Jan Ost=
indien erklärt sich außer Stand, eine Hand voll Gul=
den eine Stunde lang ungestört beisammen zu lassen.
Je schneller sie davon laufen, so lustiger wird er.
Nur den letzten hält er mit krampfhaften Fingern fest,
und wenn ihm auch dieser endlich treulos wird, kehrt
er mißmuthig der Kneipe den Rücken und blickt voll
Sehnsucht nach dem blauen Wasser.

Ein solcher Trupp kam in die Nähe des französi=
schen Kaffeehauses. Ein Theil desselben enthielt eine
gewöhnliche Schenke; der übrige Raum war für eine
gewähltere Gesellschaft bestimmt. Aber wenn die
Abendstunden heranrückten, wenn mit der nahenden
Mitternacht die Lust auf das Höchste stieg, fielen die

Schranken und die Massen bewegten sich nach Lust und Laune zwanglos durcheinander.

„Dort ist ein Unterkommen!" rief der Vordermann. „Kein besserer Ankerplatz zu finden."

„Schiert mich nicht!" antwortete Einer, der ihm zunächst ging. „Habe etwas Anderes im Sinn."

„Was ist es, das Du im Sinne hast?" lautete die Frage, und ein Dritter antwortete statt des Gefragten:

„Laßt den albernen Grillenfänger laufen. Er will wieder in's Theater gehen."

„Theater? Was ist das?"

„Das mag er Dir selbst erzählen. Du, Hans Michel, sage doch, was es mit dem Theater auf sich hat."

„Laßt mich zufrieden. Wenn es einmal eine Lust für mich ist, gönnt sie mir doch. Hat Keiner einen Nachtheil davon."

„Ja, das ist wahr. Nachtheil bringt es uns nicht, wenn Du in's Theater gehst, und wir Deinen Grog trinken. Und schnakisch genug mag es dabei zugehen. Hast mir manche Tollheit erzählt. Voraus die mit dem Torfschiff von Breda, wo einer von den Spielern die spanische und die holländische Flagge an e i n e m Mast aufzog."

„Ist ein Abend, den ich nie vergesse. Den nicht und einen andern in Hamburg. War damals noch Kajütenwächter."

„Schwatzt Euch das Maul nicht trocken, Jungens", sprach ein Dritter. „Laßt uns hier hineingehen, wo ich einen Haufen lustiger Leute sehe. Wenn es in Batavia eine Comödie giebt, gehen wir nachher Alle mit einander dahin. Vorerst ein Hurrah für 'nen steifen Grog."

Dieser Aufforderung war nicht zu widerstehen. Mit einem lustigen Liede gingen die fröhlichen Bursche in das französische Kaffeehaus, den Theater-Enthusiasten an der Spitze.

Madame Hortense, die Wirthin dieses Hauses, welches allen möglichen Zwecken diente, die man an eine Gastwirthschaft zu stellen berechtigt ist, war allgewärtig. Sie stand auf dem vertraulichsten Fuße mit ihren Stammgästen, wußte sich bei den neu Hinzutretenden schnell beliebt zu machen und verstand es meisterhaft, die Schwächen und Eigenheiten der Personen ausfindig zu machen, welche ihr Haus besuchten. Aber, wenn sie bei Allem, was sie that, ihren eigenen Nutzen im Auge hatte, behielt sie auch das Interesse ihrer Freunde im Auge und suchte dasselbe auf jede nur erdenkliche Weise zu fördern.

Eben jetzt servirte sie zweien Herren, die offenbar einem höhern Kreise angehörten, eine Flasche Madeira und versicherte, über die Angelegenheit bis heute noch nichts Weiteres erfahren zu haben, werde aber nicht ermangeln, sobald ihr irgend etwas zu Ohren käme, die nöthige Anzeige zu machen. Es sei ihr eigenstes Interesse, wenn dergleichen Leute, die ein Gewerbe daraus machten, junge Cavaliere, unter dem Vorwande eines Duells, über den Haufen zu schießen, der strafenden Gerechtigkeit übergeben würden. Sie würde es für das größte Glück halten, welches ihr begegnen könne, einer trauernden Mutter diese Genugthuung zu gewähren.

Mit hinreißender Anmuth füllte sie den Herren die Gläser und ging dann den mit Gesang hereinstürmenden Matrosen entgegen, verwies sie mit schalkhaftem Drohen zur Ruhe und befahl einem jungen Neger, den Grog genau in der Weise zu bereiten, wie es die Herren Matrosen verlangten. Mit immer heiterer Miene bewegte sie sich in dem stets größer wer=

denden Kreise ihrer Gäste, und an einem Seemann, der gedankenvoll in einer Ecke saß, vorüberstreifend, flüsterte sie diesem zu:

"Contenance, Baron! Die Spione sind wieder da. Etwas mehr Theerjacke und etwas weniger Cavalier, wenn ich bitten darf."

Der Angeredete richtete sich auf, sah die Französin an und sagte:

"Verdursten kann man hier, wo die Wirthin überall ist, nur nicht an ihrem Platz hinterm Schenktisch. Ein frisches Glas Punsch und die Karten. Gleich kommt der junge Clerk, der mir gestern zwanzig Rupien abnahm, und will mir Revanche geben. Sputet Euch, wenn es beliebt."

"Gebt es nur gnädig, Herr Griesgram!" entgegnete sie lachend, dem Schenktische zueilend, während der Seemann sich einem jungen Herrn zuwendete, der sich mit freundlichem Gruße näherte, zu dem er sagte:

"So muß man es machen, wenn man sich bei den Wirthsleuten in Respekt setzen will. Da haben wir den Punsch und die Karten zugleich. Tölpel von einem Neger! Wer heißt Dich, Punsch und Karten durcheinander zu werfen? Nun, Herr, seid Ihr gekommen, mir meine zwanzig Rupien wieder zu bringen, die ich Euch gestern großmüthig geliehen habe?"

„Mit nichten, Herr Hochbootsmann", erwiederte der junge Clerk. „Bin vielmehr erschienen, um mir weitere zwanzig den erstern zur Gesellschaft von Euch zu erbitten."

„Wie es das Glück will!" entgegnete der Seemann, dem der Charakter eines Hochbootsmanns beigelegt wurde. „Nehmt Euern Platz, Herr, und überzeugt Euch, daß die Karten in der Ordnung sind, die Punschreste abgerechnet, womit der Negerhund sie begossen hat. Wie hoch haltet Ihr?"

„Einen Dukaten auf die Dame!" war die Antwort des jungen Mannes, der das Goldstück auf die von ihm genannte Karte legte.

„Ihr gebt es heute groß!" sagte der Seemann, indem er ebenfalls einen Dukaten hervorzog und auf den Tisch legte. „Es gilt! Sehen wir zu, wie die Karten fallen."

Es geschah. Sie fielen günstig für den Seemann. Dieser zog schmunzelnd das Goldstück seines Gegners ein und nickte beifällig, als der Clerk den Einsatz verdoppelte.

Die Spieler erregten allgemeine Aufmerksamkeit.

Bald war ein dichter Halbkreis um sie versammelt. In der vordersten Reihe stand der Matrose, dem ein Abend im Theater über Alles ging. Er betrachtete die beiden Spieler mit der größten Aufmerksamkeit und schenkte namentlich dem Seemann mit dem Hoch= bootsmanns = Charakter seine Theilnahme.

„Hat der Kerl ein Glück!" brummte er vor sich hin. „Streicht jetzt schon den zehnten Dukaten ein. Möchte selbst solche blanke Dinger haben; wäre es auch nur, um sie in einen steifen Grog umzusetzen. Weil es aber nicht ist, gönne ich sie ihm am liebsten von wegen der Kameradschaft zur See."

Das Spiel hatte seinen Fortgang. Der junge Clerk verlor fortwährend. Der Seemann legte die Karten nieder und sagte:

„Wir wollen eine Pause machen, Herr. Der Hals wird trocken und es thut Noth, ihn anzufeuchten. Ich bin gleich wieder hier."

„Das sollt Ihr auch. Ihr seid im Glück und dürft jetzt nicht aufhören!" rief ihm der Clerk nach.

„Ist auch nicht meine Absicht!" war die Antwort des Seemanns, der zu Madame Hortense an das Buffet trat.

Der beobachtende Matrose schüttelte bedenklich mit dem Kopfe:

"Was will er machen? Eine Pause? Was ist das für 'n Ding? Braucht man einen Marlpfriem dazu? Und wie er geht! Wer so von dem Großmast zum Bugspriet watschelt, fällt gewiß auf die Nase. Am Ende besteht all' seine Seemanns=Herrlichkeit in der blauen Jacke."

Die weitern Betrachtungen verloren sich in ein unverständliches Gemurmel.

Der Seemann kam zurück, eine Flasche und zwei Gläser in der Hand:

"So, Herr. Dies wird ein Mittel gegenseitiger Verständigung sein, wie ich denke."

Er füllte die Gläser mit den dunkelgoldigen Tropfen von Xeres und sagte:

"Nehmt Euer Glas. Ihr dürft Euch nicht scheuen, denn es geht mehr auf Euere Rechnung, als auf die meinige."

Er schlug lachend mit der Hand gegen die Westentasche, worin die Dukaten steckten.

Der Clerk stürzte ein Paar Gläser nach einander herunter und sagte:

"Weiter! Weiter!"

„Bin der Meinung", war die Antwort, „wir leeren erst unsere Flasche und sprechen dabei ein vernünftiges Wort. Ihr seid im Unglück, Herr, und man kann es nicht zwingen, daß es sich zum Teufel scheeren soll. Es hängt Einem an, wie eine Klette, und saugt sich fester, wenn man daran zerrt und reißt."

„Ihr wollt nicht weiter spielen?" entgegnete Jener gereizt.

„Möchte es nicht thun, um Euretwillen."

„Ihr sollt aber! Ihr müßt mir Genugthuung geben! Ihr seid sie mir schuldig."

„Trinkt nicht so hastig, Herr. Ihr kommt um Euern Verstand. Von einem S o l l steht übrigens in meinem Katechismus nichts. Was ich thue, geschieht freiwillig und Befehle nehme ich nicht an, außer von Denen, die ein Recht haben, mir zu befehlen, und dazu gehört Ihr nicht."

„Und nochmals sage ich Euch, Ihr s o l l t!" fuhr der junge Clerk auf. „Will meine Revange haben, und in der ganzen Welt ist es unerhört, daß diese verweigert wird, wenn man sie begehrt. Was sagt Ihr, Mynheers?"

Er wandte sich an die Umstehenden. Die mannigfachsten Ansichten wurden laut, aber die allgemeinste war die, daß der Gewinner bereit sein müsse, weiter zu spielen, wenn es der Verlierer verlange.

„Nun denn", sagte der Seemann, „wenn Alle gegen mich sind, muß ich wohl nachgeben. Mir war es um Euretwillen zu thun. Bitte aber die Mynheers, es im Sinne zu behalten, daß ich nur auf ausdrückliches Verlangen weiter spiele."

Das Spiel ging weiter. Auch der Seemann, der von dem Weine getrunken hatte und dem das Gold anlachte, was Jener vor ihm ausbreitete, wurde jetzt wärmer und strich aufjauchzend den neuen gewonnenen Satz ein.

„Hm!" sagte der Matrose, der als aufmerksamer Beobachter in der vordersten Reihe stand. „Was war denn das eben für ein Blick? Und wie stand der Geselle da mit eingestemmten Armen? Wenn der Bart nicht wäre und der Streifen auf der Backe, der aussieht, wie ein vernarbter Säbelhieb, wollte ich sagen, er sei der Comödiant, der in Paramaibo im Theater die spanische Flagge zu Ehren brachte, indem er sie neben der holländischen aufhißte."

„Nun hat der junge Mensch schon über vierzig Dukaten verloren!" sagte kopfschüttelnd einer von den

Zuschauern. „Brächte das meines Theils nun und nimmer zustande."

„Das glaube ich Dir", entgegnete sein Begleiter. „In Deiner Tasche haben noch niemals ihrer vierzig auf einmal frei Quartier gehabt."

Immer eifriger wurde der junge Spieler. Satz folgte auf Satz. Sein Gegner konnte so schnell die Karten nicht ordnen. Da mit einem Male hielt er inne. Seine Augen glühten. Die Farbe wich aus seinem Gesicht. Kalter Schweiß stand auf seiner Stirn.

Er war am Ende. Sein letztes Goldstück war verschwunden.

„Ich sagte es Euch vorher", sagte der Seemann. „Ihr habt mich aber dazu gezwungen."

„Halt", rief der junge Mann in höchster Aufregung. „Ich lasse Euch nicht los. Ich habe noch einen werthvollen Ring! Hier ist meine Uhr...."

„Warum nicht auch das Hemd vom Leibe herunter!" entgegnete Jener. „Mir thut es leid, daß ich überhaupt mit Euch zusammen gerieth. Ich spiele nicht weiter."

Um diese Zeit war es, da Jan Blaufink in das große Gastzimmer trat. Er übersah die Sachlage mit einem Blicke, hatte aber keine Veranlassung, sich in die Angelegenheit zu mischen. Er blieb als ein ruhiger Beobachter von ferne stehen und hörte, wie Jemand, der in der Nähe stand, seinem Begleiter zuflüsterte, indem er auf den Seemann zeigte, der mit dem Clerk spielte:

„Wenn ich die Gewißheit hätte, gebe ich hundert Rupien. Wie fange ich es an, dahinter zu kommen?"

„Meinst Du im Ernste, der vermeintliche Baron stecke in der Matrosenjacke?" war die Antwort.

„Warum nicht? Es haben sich vornehmere Leute schon in ganz andere Masken gesteckt, wenn sie verborgen bleiben wollten."

„Er macht aber den Matrosen gar zu natürlich! Das kann Keiner, der nicht selbst Seemann gewesen ist."

„Was man von Hause aus nicht weiß, Kamerad, das lernt sich in der Fremde. Ich lasse ihn nicht aus den Augen."

„Wollte, ich hätte ihn von dem Tische weg!" sagte Jan Blaufink vor sich hin. „Möchte ihn abrufen. Was für ein Name war es noch, mit welchem ich ihn anreden sollte? Willy glaube ich."

Er ging unwillkührlich näher.

Der junge Clerk hatte jetzt alles Maaß überschritten. Abgebrannt bis auf den letzten Stüber, ohne alle Hoffnung, das seinige wieder zu erhalten, voll Ingrimm, gegen den Mann, an welchen er alles verlor, sprang er auf diesen zu, packte ihn bei der Brust und ihn tüchtig schüttelnd, schrie er:

„Es ging nicht mit rechten Dingen zu! Ihr habt mich betrogen!"

„Bursche!" rief Jener drohend.

Die Umstehenden wurden bei diesem Rufe unruhig. Mehrere waren darunter, welche diese Anschuldigung glaubten und sich geneigt zeigten, eine schnelle Justiz zu üben.

„Ihr habt falsch gespielt! Ich will mein Geld von Euch wieder haben."

Umsonst versuchte der Seemann, sich von dem jungen Clerk loszumachen. Endlich gelang es ihm mit vieler Anstrengung. Aber in demselben Augenblicke erschien er völlig verwandelt. Der junge Clerk hielt das Haupthaar, sammt dem stattlichen Backenbart seines Gegners in den Händen.

„Das ist der Baron" sagte der Mann, der vorhin bei Jan Blaufink stand, zu seinem Kameraden. „Jetzt laß uns machen, daß wir zu unserer gnädigsten Herrschaft kommen. Madame wird ihre Rache nehmen können, denn der Mörder ihres Sohnes ist gefunden."

Beide entfernten sich eilig.

Der Baron verlor bei dieser Entlarvung seine Fassung. Er sah wie verstört um sich, und wußte nicht, was er in dieser peinlichen Lage zu thun habe. Jan Blaufink näherte sich rasch, allein der beobachtende Matrose kam ihm zuvor und zwischen den jungen Schiffer und den Baron tretend, sagte er zu dem letzteren:

„Nun ist es heraus, wer Ihr seid! Habe mir den Kopf zerbrochen den ganzen Abend und mit einem Male steht Ihr vor mir, wie ich Euch auf dem Theater gesehen habe."

„Seid Ihr toll?"

„Bin ganz bei Verstande. Warum solltet Ihr auch nicht auf dem Theater gestanden haben? Ist ja keine Schande. In Paramaibo, wißt Ihr, als Ihr die spanische Flagge, der holländischen gegenüber, zu Ehren brachtet. An jenen Abend war es, als ich Euch scharf ansah und es mir klar ward, es sei nicht das erste Mal."

„Ich kenne Euch nicht, Mann!" entgegnete der entlarvte Baron. „Laßt mich gehen, sage ich Euch. Ich habe nichts mit Euch zu schaffen."

„Das habt Ihr auch nicht, und es fällt mir gar

nicht ein, Euch zu beläſtigen", ſagte Jener mit uner=
ſchütterlicher Ruhe. „Ich will mich nur überzeugen,
ob ich recht habe mit meiner Behauptung, oder ob
mein Gedächtniß mich belügt, wenn es ſagt, daß wir
uns ſchon früher begegneten."

„Niemals bin ich Euch begegnet!" lautete die Ant=
wort. „Laßt ab von mir, rathe ich Euch im Guten.
Es nimmt ſonſt ein ſchlimmes Ende."

Die Anweſenden nahmen einen lebhaften Antheil.
Der Umſtand, daß ein Matroſe ſich vor ihren ſicht=
lichen Augen in einen Schauſpieler verwandelte, hatte
zu viel Anziehendes, als daß ſie, der wiederholten Auf=
forderung, ſich zu entfernen, Gehör geben ſollten. Jan
Blaufink verſuchte es umſonſt, bis zu dem Manne
durchzubringen, den er noch immer, als ſeinem Schutze
anvertraut betrachtete. Derſelbe mußte aus der Schenke
entfernt werden, bevor jene Männer zurückkehrten,
welche ihn vorhin als Baron Eberhard erkannt hatten.

„Wollt Ihr mich nun gehen laſſen?" brauſ'te der
entlarvte Schauſpieler auf. Sein ganzes Weſen hatte
ſich verändert. Die Augen ſprühten Flammen. Die
Wangen brannten.

„Heiſſa, nun weiß ich es mit einem Male!"
jauchzte der Matroſe auf. „In Hamburg war es, wo

ich Euch gesehen habe. In Hamburg in der großen Bude auf dem neuen Markte. War damals Kajüten=
wächter am Bord des Weltefreden. Spieltet gerade ein Stück, wovon ich nicht viel verstanden habe. Aber die Leute, die drinnen waren, machten einen Höllenlär=
men. Und Ihr standet dicht bei einer Dirne, die schön war, wie eine neu geschillerte Schaluppe, und das Volk, welches unbarmherzig mit den Füßen trommelte, nannte Euch Dunkelschön."

Der Schauspieler zuckte zusammen, als hätte ihn der Blitz getroffen. Und dem krampfhaften Zucken folgte ein ohrenzerreißender Schrei. Aber nicht der Schauspieler stieß ihn aus; er kam vielmehr aus einer andern Richtung.

Jan Blaufink war es, der von der unerwarteten Entdeckung schwer getroffen wurde. Er warf sich auf die beiden Männer, die ihm zunächst standen, indem er ausrief:

„Gnade Gott mir und Euch, wenn Ihr mich mit Gewalt hindert, zu jenem Manne zu gelangen. Ich muß zu ihm!"

Es gelang ihm, den Durchgang zu erzwingen. Mit einer Hast, die das äußerste Maaß erstieg, flog er auf den Mann zu, mit dem er wochenlang in der

Sundastraße umherschwamm, ergriff ihn mit beiden Händen und rief ihm zu:

„Sage mir, ob es wahr ist, daß Du gewiß und wahrhaftig Dunkelschön heißt?"

Der Schauspieler schwieg.

„Rede!" gebot Jan Blaufink außer sich; „Tod und Leben hängen an den Ausspruch Deines Mundes. Ich beschwöre Dich bei Allem, was Dir heilig ist, sage mir, ob Du den Namen Dunkelschön führtest?"

Er antwortete nicht, allein er nickte mit dem Kopfe.

Kein Laut ging aus dem Munde des jungen Schiffers, allein er breitete die Arme aus und schloß den Schauspieler so fest an seine Brust, daß dieser sich der stürmischen Umarmung nicht erwehren konnte.

Mit erneutem Erstaunen betrachteten die Umstehenden den Wechsel dieses Schauspiels. Sie sahen fast furchtsam die große Aufregung, worin sich der junge Schiffer befand, und hörten das unterdrückte Schluchzen desselben.

Mitten in dem Tumult der allgemeinen Aufregung hatte Niemand darauf geachtet, daß ein Unwetter am Himmel aufgestiegen war. Die ersten von ferne heran rollenden Donnerschläge verhallten ungehört. Jetzt aber tobte ein furchtbarer Schlag durch die Lüfte, der das

Haus erbeben machte. Ein schlängelnder Blitz fuhr fast in demselben Moment durch die Lüfte herab.

Und als hätte der Doppelschlag den jungen Seemann zu neuem Leben erweckt, riß er sich von der Umarmung los und den Schauspieler mit funkelnden Blicken anschauend, rief er:

„Dunkelschön, was ist aus der Maienblüthe geworden, und warum hast Du sie treulos verlassen?"

Diese Frage, für jeden Dritten unverständlich, brachte auf den Schauspieler eine furchtbare Wirkung hervor. Alle seine Nerven spannten sich an. Die Augen traten aus ihren Höhlen. Er streckte die Hände dem Manne entgegen, der die verhängnißvolle Frage that, allein sie erreichten ihn nicht. Bewältigt von den vielfachen Schlägen, die ihn an diesem Abend trafen, brach er ohnmächtig zusammen.

Wolkenbruchartig stürzte sich der Regen auf die Schenke herab. Ein Blitz, gewaltiger als der erste, schlug nieder, begleitet von einem eben so betäubendem Schlage.

„Feuer! Feuer!" rief, in Todesangst hereinstürzend, eine junge Malayendirne.

„Feuer! Feuer!" wiederholte Madame Hortense, bleich vor Schrecken. „Helft! Helft!"

„Feuer! Feuer!" hallte es wieder, drinnen und draußen. In unbeschreiblicher Verwirrung rannten Alle durcheinander.

Die Flamme leuchtete hell auf und fand vollkommen reichliche Nahrung.

Dunkelschön hatte sich mühsam erholt. Jan Blaufink hielt ihn mit starken Armen:

„Durch das Fenster geht unser Weg!"

„Nein, nein!" rief der Schauspieler. „Laßt mich in meine Stube gehen. Dort liegt Alles, was mein."

„Laßt es liegen. Kommen wir auch glücklich nach oben, steht die Treppe in Flammen, bevor wir wieder unten sind."

„Ich will nicht!" rief Dunkelschön mit aller Energie, die ihm zu Zeiten inne wohnte und flog die Treppe hinauf. Jan Blaufink folgte ihm.

———

Ein neuer Gast war während der Nacht auf der Batavia-Rhede erschienen. Unter Blitz und Donner, unter Sturm und Regen langte ein Regierungsschiff mit dichtgerefften Segeln auf dem Ankerplatze an. Es kam aus Paramaibo und hatte Aufträge von Seiten des dortigen Gouvernements. Außerdem befanden sich mancherlei Briefe und andere Gegenstände am Bord, die für Privatpersonen bestimmt waren.

Kaum war es kund geworden, daß dieses Schiff sich auf der Rhede befand, als Jeder, der auf eine Nachricht hoffte, an Bord eilte. Unter diesen war der Agent des Mynheer de Klaat einer der Ersten. Als er von dem Schiffe an das Land zurückkehrte, machte er sich sogleich auf den Weg nach Buitenzorg.

Mynheer de Klaat war in einer sehr lebhaften Unterredung mit seiner Tochter Sartje begriffen, die seit dem Verschwinden des Barons keineswegs zu den Liebenswürdigsten ihres Geschechtes gerechnet werden konnte. Sie war voll Widersprüche und Launen und besaß weder Neigung, noch Talent, das irdische Eldorado des Vaters in ein ideales Paradies zu verwandeln. Es nahm vielmehr nach und nach einige der Eigenschaften des Tartarus an.

Abermals sah sich Mynheer auf eine nicht besonders angenehme Art aufgeregt und aus den Bewegungen der Myjuffrouw Sartje schien herorzugehen, daß der heraufbeschworene Sturm sein Ende noch nicht erreichte, als eine dritte Person auf dem Schauplatze erschien und für den Augenblick eine Unterhaltung störte, die nur von Einer geführt und von Einem angehört ward.

„Herr Bloom!" rief de Klaat, und eine Centnerlast fiel von seiner Brust. „Ihr seid willkommen, Mann, denn ich setze voraus, daß Ihr etwas Gutes bringt. Was wißt Ihr Neues von den Caffee= und Zuckerpreisen?"

Sowohl der Preis der einen Waare, als der Preis der andern, war Mynheer völlig gleichgültig, da er von beiden nicht den geringsten Vorrath hatte. Er griff nur nach irgend einem Etwas, um sich mit beiden Händen daran zu klammern.

„Nichts von Caffee und Zucker!" entgegnete der Agent mit wichtiger Miene.

„Dann betrifft es gewiß .... doch warum zerbreche ich mir den Kopf? Ich werde es ja von Euch hören. Sartje, mein Kind, die Geschäfte interessiren Dich wenig. Willst Du vielleicht so gütig sein, uns ein Paar Minuten allein zu lassen?"

Es schien noch ungewiß zu sein, ob Sartje sich darauf einlassen werde, den Wunsch ihres Vaters zu erfüllen, als der Agent zuvor kam, indem er sagte:

„Mit Wohlnehmen, Mynheer, möchte ich behaupten, daß Myjuffrouw's Gegenwart in diesem besonderen Falle nicht störend wäre, vielmehr derselben angenehm sein möchte, da die Nachricht, welche ich überbringe, derselben auch einiges Interesse einflößen möchte. Wollte also die Dame ersucht haben, unbeschwert noch einige Zeit bei uns zu verweilen.

Mhjuffrouw Sartje hatte nicht geringe Lust, jetzt da ihr Bleiben gewünscht wurde, zu gehen, allein die Neugier siegte, und dem Agenten den Rücken zuwendend, sah sie, über das Geländer der Veranda weg in den nahe daran stoßenden Garten.

Herr Bloom beobachtete das zartsinnige Benehmen der jungen Dame nicht weiter, zufrieden, sich durch die Botschaft, welche er in der Tasche hatte, für alle Geringschätzung, die er von ihr erfahren, vollständig zu rächen. Er näherte sich seinem Patron, der auf Kohlen saß, und sagte:

Es ist ein Regierungsschiff aus Paramaibo angekommen. Dasselbe bringt offizielle Depeschen für den General-Gouverneur und private Depeschen für meinen verehrten Gönner unter meiner Adresse. Wir wissen nun von dem Baron Eberhard was wir wissen wollen."

„Her mit dem Papier!" rief Herr de Klaat. „Her damit, sage ich!"

„Sogleich, Mynheer!" entgegnete der Agent. „Hoffentlich wiegt die Kunde den Preis auf. Die baaren Auslagen betragen allein hundert Rupien....."

„Schiert mich nicht!" sagte Herr de Klaat, indem er den dargereichten Brief nahm. „Und wenn es tausend wären. Setzt sie auf Euer Conto. Ich rechne nicht nach, sondern zahle."

Der Agent überreichte ihm den Brief.

„Krakelfüße!" sagte Herr de Klaat, indem er den Brief überflog. „Wie Teufels soll man solche Handschrift lesen können? Fein, wie mit der Nadel geschrieben. Da lese ich den Namen Eberhard . ! .

„Aber die Baronie ist nicht dabei!" erwiderte der Agent, indem er sich vor Sartje verneigte, die bei dem Namen erröthete. „Ein Baron ohne Baronie. Habe auch mein Schreiben erhalten und kann versichern, daß der wirkliche Baron Eberhard auf Surinam eines natürlichen Todes gestorben ist. Derjenige Herr aber, der hier unter demselben Namen figurirte und viele hochachtbare Leute betrogen und belogen, auch einen Cavalier hochverrätherischer Weise todtgeschlagen hat, ist kein anderer, als ein verlaufener Comödiant, der bei dem besagten wirklichen Baron eine Zeitlang als Bedienter gelebt hat."

„Das ist eine schändliche Lüge!" rief Sartje aus.

„Nein, mein Kind! Es ist keine Lüge!" entgegnete der Vater. „Es ist die reine, volle Wahrheit. Hier steht es. Ich habe die Krakelfüße mit vieler Mühe entziffert. Herr Gott, was wäre dabei herausgekommen, wenn ich dumm genug gewesen wäre, einem Herrn von Habenichts die Hand meiner Tochter zu geben, und für meine Million einen Baronstitel einzutauschen, der nur eine Comödienfinte ist. Ich ersticke!"

Herr de Klaat erhob sich und ging einige Male auf und ab, um sich vor der gefürchteten Erstickung zu schützen, dann aber sagte er, dem Agenten die Hand reichend:

„Dank für die Nachricht. Wenn ich Euch wieder die Hand reiche, soll sie gefüllt sein. Der General-Gouverneur hat auch Depeschen, sagt Ihr? Ich will zu ihm, und die seinigen mit dem Briefe hier vergleichen. Hoffentlich sind sie übereinstimmend. Sartje! Kind!"

Aber Sartje war nicht mehr gegenwärtig. Als sie die Schreckenskunde vernahm, entfernte sie sich eilig und verschloß sich in ihrem Zimmer, um ihre Aufregung, verursacht durch Verdruß, Aerger und getäuschte Hoffnung, vor den Augen der Welt zu verbergen.

Während der Zeit saß der jüngste Lieutenant der

Ostindischen Compagnie, der sein Patent und seinen Abschied in einer und derselben Minute erhielt, in dem Zimmer der Schenke zur Stadt Amsterdam, welches er seit dem Tage bewohnte, da er den Dienst der Compagnie verließ und neben ihm saß der Mann, den ihm der Zufall in einem Moment entgegenführte, wo er dies am wenigsten erwarten durfte. Es war ein Finden, welches Gottes allmächtige Hand durch ein gewaltiges Naturschauspiel förderte und das sich im Kampf mit den furchtbarsten Elementen erfüllte.

Nur mit genauer Noth gelang es den beiden Männern, das Zimmer zu erreichen, welches Eberhard bewohnte. Blindlings stürzte sich Jan Blaufink auf die umherliegenden Effekten und raffte an sich, was er zu erreichen vermochte. Jener aber hatte eine Kassette gefaßt und rief nur:

„Es ist genug! Laß uns eilen, bevor es zu spät wird."

Mit versengten Kleidern gelangten sie in's Freie. Kaum waren sie in Sicherheit, als der schwankende Bau mit lautem Krachen zusammenstürzte.

Und nun saßen sie da, sich anschauend und die Hände drückend, fragend und antwortend, nicht rastend, bis auch das Kleinste besprochen und erörtert ward. Und als auch das Letzte gesagt wurde, schloß Dunkelschön mit einem tiefen Seufzer:

„Ich habe Vieles gut zu machen. Wie ich es ausführen soll, weiß ich nicht. Aber den Willen habe ich dazu."

„Gräme Dich darum nicht, Vater!" entgegnete Jener. „Wie wunderbar d i e s Wort in meinem Munde klingt. Wie es mir in das Ohr fällt. So fremd und zugleich so bekannt. Ich werde mich bald daran gewöhnen. Und Du wirst Dich auch daran gewöhnen, Vater."

„Ja, mein Sohn! das werde ich. Und wenn wir Deine Mutter finden . . . ."

„Juchhe! Vater, Mutter und Sohn! Das ist eine Dreieinigkeit, die zusammen hält im Leben und im Tode. Und nun wollen wir nicht mehr sprechen, ondern handeln. Meine Sorge ist, Dich ungefährdet von hier wegzubringen. Glücklicherweise hat sich die Abreise des Capitän Rose noch um einige Zeit verzögert. Morgen ist sein Segeltag. Ich dachte, ihm Aufträge für die Mutter mitzugeben, jetzt soll er uns selbst nach der Elbe bringen. Ich will sogleich bei ihm an Bord gehen und das abmachen. Du, Vater, magst noch einmal Deine Kunst hervorsuchen und Dich so unkenntlich machen, als möglich. Ich höre, daß man Dich sucht, und da ist es nothwendig, daß Du Dich den Nachforschungen entziehst. Sind wir erst am Bord, ist es nicht mehr nöthig.

Von seinem Vater weg begab sich der junge Mann an Bord der Elbe und fand den Capitän geneigt, ihm eine Separat-Kajüte einzuräumen. Die nähern Bedingungen wurden verabredet und festgesetzt, daß die Passagiere mit einbrechender Nacht am Bord sein sollten, da man die mit Sonnenaufgang eintretende Landbrise benutzen wollte, um die offene See zu gewinnen. Jan Blaufink kehrte nach der Stadt zurück, um die nöthigen Vorbereitungen zu treffen. Seine Angelegenheiten waren bald geordnet. Als das Gepäck beisammen und an Bord beordert war, begab er sich nach dem Kolonialamt, um den Rest der Prisengelder in Empfang zu nehmen, die dort für ihn bereit lagen. Man zahlte ihm die nicht unbedeutende Summe in blankem Golde aus. Zugleich erhielt er noch ein besonderes Certificat, worin sich die Compagnie mit seinen guten Diensten zufrieden erklärte.

Die Angelegenheit verlief nach Wunsch. Mit dem

anbrechenden Abend war Alles geordnet. Jan Blaufink war auf dem Wege nach dem Hafen, um an Bord der „Elbe" zu gehen. Ein alter Diener, eine Kassette unter dem Arme tragend, folgte ihm in angemessener Entfernung.

Sie gelangten in die Gegend, wo das Haus der Madame Hortense stand. Der bisherige Schauplatz der Lust und Freude war ein rauchender Trümmerhaufen. Schaaren von Neugierigen standen umher. Auch die Spione, welche auf den Baron fahndeten, waren darunter. Sie ärgerten sich, nicht auf frischer That Hand an den Mann gelegt zu haben, der ihnen nun entkommen war und in dem dichten Gewirr von Menschen unauffindbar schien. Von dem Augenblicke an, wo der Baron sich in einen ganz gewöhnlichen Schauspieler verwandelte, hatten sie kein Hehl, was ihre Absicht war und mehrfach wandten sie sich an Diesen und Jenen, ob sie nicht wüßten, wohin der Mann gekommen sei, damit man ihn greifen und zur Rechenschaft ziehen könne.

„Und wer es uns sagt", schloß ihre Aufforderung, „der soll es nicht bereuen. Unsere Gebieterin ist eine reiche Dame und wird es ihm zehnfach lohnen."

„Was ich weiß, sagte ich Euch schon vor einer Stunde", antwortete Einer. „Den ganzen Abend ist jener Mann in dem Hause gewesen, das jetzt vor uns in Trümmern liegt. Er hielt Bank mit einem Clerk der Compagnie und nahm ihm den letzten Stüber ab. Da geht der junge Herr. Ihr könnt ihn selbst fragen."

„Mir liegt nichts daran, wo er gewesen ist, und es ist mir überdies bekannt. Ich will wissen, wo er sich jetzt befindet. Wohin gerieth er während des Brandes? Wer hat ihn bei sich aufgenommen? In welcher Spelunke hat er sich versteckt? He! Wer mir das sagen kann, erhält eine gute Belohnung."

Er begleitete diese Worte mit allen möglichen Gebehrden und focht so sehr mit den Armen, daß er einen Vorübergehenden mit der Hand berührte, die dieser unwillig zurückstieß. Es war der jüngste Lieutenant der Compagnie, der auf dem Wege nach dem Hafen war.

„Entschuldigt, Mynheer. Ich wollte wissen . . ."

„Dann laßt Eure Hände zu Hause und gebraucht den Mund. Was wollt Ihr wissen?"

„Das ist der Schiffer, der den braunen Wollkopf fing!" rief Einer. „Was der sagt, ist gewiß die Wahrheit."

„Und er kann es am ersten wissen, denn er war auch in der Schenke und hat mit dem sogenannten Baron gesprochen", setzte ein Anderer hinzu.

„Das habe ich", war die Antwort. „Was soll es mit dem Baron? — He, Willy, stehe da nicht und gaffe! — Beeile Dich, nach der Schaluppe zu kommen. Ich folge Dir auf dem Fuße."

„Willy ging und sein Gebieter vernahm, was man von ihm zu wissen begehrte.

„Darüber kann ich Euch beruhigen", sagte Jan Blaufink. „Als der Brand um sich griff, eilte er die Treppe hinauf, um seine Habseligkeiten in Sicherheit zu bringen. Ich wollte ihn aufhalten. Umsonst. Als er zurückkehrte, hatte die leichte Treppe bereits Feuer gefangen und brach unter seinen Tritten zusammen. Wenn Ihr die Trümmer wegräumt, werdet Ihr seinen verkohlten Leichnam finden."

Dank für die Auskunft", rief ein Muthwilliger. „Seid Ihr damit zufrieden, Mynheers? Für diesen

Bescheid wird die Belohnung wohl nicht allzureichlich ausfallen!"

Lachend lief er davon.

Capitän Rose empfing seine Passagiere und führte sie in die für sie bestimmte Kajüte. Gleich darauf ward der Befehl zum Ankerlichten ertheilt. Eine Stunde später lag die Batavia-Rhede hinter ihnen.

Die beiden Passagiere waren in der Kajüte. Dunkelschön hatte seine Maske abgelegt und öffnete seine Kassette, die er aus den Flammen rettete.

„Das sind die Papiere der Lüge", sagte er, mehrere Schriftstücke entfaltend. „Es sind die Dokumente des Baron Eberhard."

„Und darum stürztest Du Dich in die Flammen?" fragte der Sohn mit einem Anflug von Trauer.

„Nicht darum, sondern um dieses unscheinbaren Blattes willen", entgegnete er. „Schau her! Mehrfach wurde mir Gelegenheit geboten, mir ein glänzendes Loos zu bereiten. Ich trat in dem entscheidenden Moment zurück, weil diese Fessel mich hielt. Der leichtsinnige Komödiant war doch nicht leichtsinnig genug, einen Papierfetzen zu vernichten."

Jan Blaufink überflog das ihm dargereichte Blatt und die Thränen stürzten ihm aus den Augen. Es war der von Pastor Koch zu Geesthacht ausgestellte Trauschein, der bekundete, daß der Schauspieler Eberhard Lohse und die Schauspielerin Christine, geborene Ramke, von ihm ehelich eingesegnet wurden.

Vater und Sohn hielten sich innig umschlossen.

Ein neuer Sturm.

Es stand „schlecht Wetter" in dem Kalender der Jungfer Mewes. Sie klappte mit ihren Pantoffeln aus der Stube in die Küche und von der Küche in die Stube.

Frau Rosmarin sah sie mit einem bittenden Blicke an und sagte:

„Ist es Ihr nicht möglich, ein wenig still zu sitzen? Mein Kopf hält es nicht aus."

„Still sitzen? Davon wird der Topf nicht voll und die Kelle bleibt müssig am Nagel hängen. Still sitzen? Die Hände in den Schooß legen? Danke Sie Gott, daß ich es nicht thue. Wollte sehen, was geschehe, wenn ich nachgäbe."

„Ich bitte ja nur, weil ich weiß, daß es für uns Beide am besten ist. Der Doktor hat gesagt, ich sei von dem Fieber vollständig genesen. Nur sei mir absolute Ruhe noth."

„Ruhe?" fiel die Mewes ein. „Nun gut. Da sitze ich. Also Ruhe, hat der Doktor gesagt. Aber was noch sonst? Stärkung hat er gesagt. Eine kräftige Suppe, ein Glas Wein, und dergleichen, hat er gesagt. Ja, woher nehmen und nicht stehlen?"

Frau Rosmarin seufzte. Jungfer Mewes hatte vollständig Oberwasser und fuhr fort:

„Unser baares Geld ist alle. Mit der Nadel hat Sie schon lange nichts mehr verdient von wegen des Fiebers, und die hochmüthige Mamsell hat sich auch seit länger als vierzehn Tagen nicht sehen lassen."

„Die gute Lene Brammer. Ich denke täglich an sie. Gewiß ist sie krank, sonst wäre sie gekommen."

„Ei was, krank! Es krankt sich was! Gestern ist sie mit ihrer Mutter über den Scharmarkt gegangen. Dicht an mir vorbei ging sie, aber sie grüßte mich nicht. Na, daß ich zuerst mit dem Kopfe genickt hätte! Fehlte mir!"

„Schelte Sie mir die Lene nicht!" entgegnete Frau Rosmarin mit einiger Heftigkeit. „Sie ist meine Wohlthäterin und ich liebe sie mit mütterlicher Zärtlichkeit. Sie hängt mir in aller Treue an. Mit rührender Herzlichkeit gedenkt sie stets meines Sohnes und des Dienstes, den er ihr leistete."

„Der Sohn?" fuhr die Mewes fort. „Nun ja. Das ist Ihr Sohn und bleibt es. Damit hollah!"

„Was meint Sie damit?" fragte die Mutter. „Will Sie mir den Sohn auch verdächtigen?"

„Da ist etwas zu verdächtigen", entgegnete die Mewes spöttisch. „Augenscheinlicher Beweis ist Allerwelts-Zeugniß. In der ersten Zeit schrieb er und schickte wohl etwas vom Verdienst ein. Aber, wie lange ist das her! Jahre sind vergangen seit der letzten Nachricht."

„Wohl sind es Jahre her", seufzte die Mutter. „Bange, schwere Jahre. Dem alten Jollenführer, Jakob Maifisch, begegnete ich neulich auf der Straße. Er wußte auch nichts von dem Jan und sagte: Man müsse sich trösten. Wer weiß, auf welchem Meeresboden, oder in welcher fernen Wüste mein armer Junge schmachtet."

„Lirum! Larum! Warum nicht gar! Der lebt vielleicht herrlich und in Freuden, und macht es nicht besser als tausend Andere. Aus den Augen, aus dem Sinn. Das ist Matrosenart."

„Das that mein Sohn nicht! Der hat seine Mutter nicht vergessen und die Lene auch nicht. Das weiß ich so sicher, als ich von meinem Dasein überzeugt bin."

"Nun ich will es ja glauben", sagte die Mewes spöttisch. "Um Ihretwillen. Dann soll er nur bald kommen. Vielleicht, daß der alte Geizhals, der Brammer jetzt nicht so fuchswild wird, wenn der Jan nach der Lene ausschaut. Vielleicht ist es ihm sogar recht, wenn die Dirne einen tüchtigen Matrosen zum Manne kriegt, der es noch einmal zum Steuermann bringen kann."

"Was soll das nun wieder bedeuten? Jungfer Mewes, Sie treibt es arg heute und kränkt mich auf's Aeußerste. Was weiß Sie von Lenens Vater?"

"Nicht mehr, als alle Welt weiß. Mit dem Elias Brammer ist es Matthäi am letzten. Nur mit Mühe und Noth hält er noch den Laden auf. So geht es den Geizhälsen! Weil sie Alles an sich raffen wollen, verlieren sie am Ende was sie haben. Nun weiß Sie es. Und wenn die Lene nicht kommt, geschieht es vielleicht darum nicht, weil sie sich schämt, mit leeren Händen zu erscheinen."

"Allmächtiger Gott!" rief Frau Rosmarin und das ohnehin bleiche Gesicht entfärbte sich noch mehr.

„Die arme Lene sollte . . . Nein, nein! das ist nicht wahr! das kann nicht wahr sein."

„Glaube Sie es, oder glaube Sie es nicht!" polterte die Mewes heraus. „Mir ist es egal! Sehe Sie zu, wie Sie hier fertig wird. Ich gehe meinen Geschäften nach. Gottlob, wer für sich selbst sorgen kann und Niemand braucht. Er ist am Besten daran, wenn es auch kümmerlich geht."

Jungfer Mewes nahm ihre Schaube um und entfernte sich. Sie ging zu einem wohlhabenden Verwandten, um sich von ihm thrannisiren zu lassen, ihm nach dem Munde zu reden und von seinem Ueberfluß zu zehren. Sie nannte das, ihren Geschäften nachgehen.

Frau Rosmarin blieb in einer traurigen Stimmung zurück. Ihre Gedanken gingen nach und nach unbewußt in ein lautes Selbstgespräch über.

„So kann, so darf es nicht bleiben! Arme Lene. Wie treu hielt sie bei mir aus. Keine Woche verging, wo ich sie nicht sah. Stets brachte sie mir eine Liebesgabe. Sie verschaffte mir Arbeit und zahlte reichlichen Lohn dafür. Wer weiß, ob sie ihn nicht aus ihrer eigenen Tasche verdoppelte! Und das Alles aus Dankbarkeit für meinen Sohn . . . Nein! Nein! So viele Treue kann nicht so hart bestraft werden! Es ist Verleumdung, was man von dem Vater spricht. Zu schrecklich wäre solcher Wechsel für ein Mädchen, das in Fülle aufgewachsen ist und den Mangel und die Noth nicht kennt. — Aber wenn es nun doch wahr wäre? Will es mir ziemen, noch länger von den Wohlthaten Anderer zu leben? Nein. Ich muß mir selber helfen. Auf meinem Krankenlager habe ich oft über meinen Zustand nachgedacht. Meine Vergangenheit trat lebhaft an mich heran, und mit der Genesung kommt der fröhliche Muth. Die frühere Leidenschaft erwacht mit voller Stärke. Ich fühle die Kraft in mir, mein altes Handwerk wieder zu ergreifen, um mein Leben damit zu fristen. Es ist zwar nicht die jugendlich=frische Maienblüthe, die auf den Brettern erscheint. Es ist ein welker Zweig, den ich dahin verpflanzen will. Aber ich weiß keinen andern Ausweg; keine andere Hülfe. Ich bin allein in der Welt, ganz allein."

Sie versank in ein dumpfes Schweigen.

Draußen wurde ein leichter, elastischer Tritt hörbar. Leise ward die Thür geöffnet und Lene Brammer trat ein. Das war nicht mehr die kleine Lene, welche der lustige Jan von dem breiten Simms über der Thür in sein Boot trug; das war eine vollendete Jungfrau mit hellen Augen und blühendem Gesicht, die sich der alten Frau näherte und diese mit einem Kuß aus ihren Träumen weckte:

„Grüß Dich Gott, Mütterchen. Du sitzt schon wieder und träumst und grübelst. Der Doktor hat es Dir strenge verboten. Du bist nicht gehorsam, Mütterchen und ich werde Dich verklagen, wenn ich den Doktor sehe."

„Mein liebes Kind, ich war in Sorgen um Dich. Ich bin es so sehr gewohnt, Dich zu sehen, daß Dein Ausbleiben mich ängstigte. Du warst doch nicht krank?"

„Nein, Mütterchen. Aber der Vater war verreist und das ganze Geschäft lag der Mutter allein auf dem Halse. Da konnte sie mich nicht entbehren."

„Dein Vater verreist? Das ist doch sonst nie geschehen?"

„Muß wohl nothwendig gewesen sein. In der letzten Zeit geschah es öfter. Viele Freude scheint es ihm nicht zu machen, denn er kommt stets verdrießlich wieder."

„Das bekümmert mich um Deinetwillen", sagte Frau Rosmarin, die Lene zärtlich an sich drückend.

„Eine Jugend, wie die Deinige, bedarf des Sonnenscheines, wenn sie gedeihen soll."

„Um mich mußt Du nicht trauern!" entgegnete Lene bittend. „Von Dir ist ganz allein die Rede. Wenn der Jan . . . ."

Sie unterbrach sich erröthend und fuhr nach einer unmerklichen Pause fort:

„Wenn Dein Sohn wieder kommt, und er wird gewiß bald kommen, mußt Du recht gesund und stark sein; sonst wird er mir zürnen und zu mir sagen: Ist das der Dank dafür, daß ich Dir Dein Leben rettete? Ich bewahrte Dich vor dem Ertrinken und Du ließest meine arme Mutter leiden und darben?"

„Wann bricht der Tag an, da ich ihn wiedersehe?"

„Hoffnung läßt nicht zu schanden werden!" entgegnete die Lene. „Aber nun sieh, was ich Dir mitgebracht habe."

Sie hob den mitgebrachten Korb auf den Tisch und besetzte denselben mit verschiedenen Leckerbissen. Auch ein Fläschchen stärkenden Weines war darunter. Sie füllte mit fröhlichem Geschwätze das Glas, nöthigte zum Trinken und bot die mancherlei Gaben mit solcher Herzlichkeit bar, das Frau Rosmarin ihren Kummer gänzlich vergaß, und heiter genoß, was ihr Kraft und Gesundheit wiedergeben sollte.

Die Augen des jungen Mädchens ruhten mit inniger Theilnahme auf Frau Rosmarin, die jetzt ihre Mahlzeit endete und mit herzlichem Danke der Liebesgaben gedachte, die ihr geworden. Das Gespräch, welches sich hieran knüpfte, ward immer ernster, bis Lene es plötzlich abbrach, indem sie aufstand und sich zum Gehen anschickte.

„Du verläßt mich schon? Wie gerne behielte ich Dich noch, da ich Dich so lange entbehrte. Sonst bliebst Du länger!"

„Ich blieb eigentlich schon über die Zeit. Du mußt meine Eile entschuldigen."

Lene suchte der Frau Rosmarin ihr Angesicht zu verbergen; diese aber ergriff die Hand des Mädchens und sagte:

„Kind, Du verbirgst mir etwas. Ich habe zwar kein Recht, Dein Vertrauen zu fordern; aber wenn Du ein Herz bedarfst, schlägt eins in dieser Brust, das keinem an Treue nachsteht."

Lene sah die erschrockene Frau mit gänzlich veränderten Blicken an. Diese fuhr dringender fort:

„Unser Gespräch nahm eine ernste Wendung. Wie

es kam, weiß ich nicht; allein ich habe Dich beobachtet und gesehen, welche Veränderung während dessen mit Dir vorging. Deine Heiterkeit von vorhin war nur Verstellung. Du hast Kummer, liebe Lene, der Dich um so schwerer drückt, als Du ihn in Dir verschließest."

„Ja", entgegnete die Lene. „Ich habe Kummer. Meine arme Mutter härmt sich ab und grämt sich, um des Vaters willen. Ich habe sie gebeten, mir zu vertrauen, was sie drückt, aber sie hat nur mit Thränen geantwortet. Der Vater ist schon wieder fort."

„Sollte ihm ein Unglück drohen?"

„Ich fürchte das. Der arme Vater! Sein ganzes Leben hindurch that er nichts, als im Schweiße seines Angesichts arbeiten und nun er an der Schwelle des Alters steht, soll er Das verlieren, wornach sein Sinn allein strebte."

„Gott wird nicht wollen, daß ein so liebes, treues Herz in Noth und Trübsal vergehen soll. Er wird Dir den Helfer in der Noth senden. Ich will das stündlich von dem Himmel erbitten."

„Thue das, Mütterchen. Das Gebet einer liebevollen Seele bleibt nicht ohne Erhörung. Mit dieser Hoffnung nehme ich Abschied. Es ist die höchste Zeit, daß ich nach Hause gehe. Der Vater kann vielleicht schon zurück sein und es ist ihm stets unangenehm, wenn ich nicht bei der Mutter bin. Lebe wohl, Mütterchen. Sobald ich irgend kann, komme ich wieder."

Mit diesen Worten entfernte sich Lene Brammer.

Die Betrübniß der Jungfrau hatte die Entschlossenheit der Matrone gestärkt. Sie ging noch einmal mit sich zu Rathe; dann war sie mit sich im Reinen, und mit dem Ausrufe, den ein Seufzer begleitete, „Es muß!" verließ sie ihre Wohnung. Als Jungfer Mewes von ihren Geschäften gegen Abend zurück kam, fand sie die Wohnung leer.

Elias Brammer war nach Hause gekommen und that sehr ungebehrdig, als er die Lene nicht fand. Die Frau versuchte alles Mögliche, ihn zu beruhigen, allein es wollte ihr nicht gelingen.

„Mann! Mann! Was soll daraus werden, wenn Du fortfährst, Dich wegen jeder Kleinigkeit zu ereifern."

„Kleinigkeit! Ist das eine Kleinigkeit, wenn ich zu Hause komme und finde mein Kind nicht, an die ich mit aller Liebe hänge? Sie aber vergilt mir diese Liebe schlecht, da sie mich in der Noth verläßt."

„Versündige Dich nicht, Mann. Die Lene ist treu und gut. Sie thut, was sie Dir an den Augen absehen kann, und war in der letzten Zeit sehr besorgt um Dich."

„Warum ist sie nicht hier? Gerade jetzt nicht, wo ich sie nöthig habe!" polterte er weiter. „Ihr Ungehorsam nimmt mit jedem Tage zu."

Frau Brammer schwieg und fuhr in ihrer Arbeit fort. Er rannte im Laden auf und ab.

„Wo ist sie hingegangen? Gewiß wieder zu dem Comödiantenweibe, obgleich ich es hundert und tausend Mal verboten habe! Und nicht allein, daß sie wider mein Verbot dahin geht, schleppt sie auch noch ganze Lastkörbe voll mit sich und trägt mein Hab und Gut zum Hause hinaus."

„Nein, das ist zu arg!" rief Frau Brammer. „Solche Beschuldigungen auszusprechen! Wo ist ein Mädchen in ihrem Alter und von ihrem Stande, die weniger verlangt, als unsere Lene? Zu der Frau Rosmarin geht sie aus dankbarer Anhänglichkeit für den wichtigen Dienst . . ."

„Pah!" unterbrach sie grämelnd der Alte. „Was

thue ich mit solchem Dienst! Der dumme Junge ist in seiner Jolle spazieren gefahren und hat sie mitgenommen. Darin besteht die ganze Geschichte. Ich dächte, das Bischen rudern wäre über und über bezahlt, und der Umgang soll ein Ende haben, ein für alle Mal, oder ich steige der Dirne zu Kopfe und lasse das Weib zum Thor hinaus bringen."

„Du weißt nicht, was Du in Deinem Zorne sprichst", sagte Frau Brammer unwillig, „sonst könntest Du es nicht vor Dir selbst verantworten. Du verdienst es gar nicht, daß die Lene Dich so lieb hat."

„So? Meinst Du? Die Lene hat mich also wirklich lieb? Ganz so lieb, als eine rechtschaffene Tochter einen Vater haben soll? Nun, wir wollen sehen, ob diese Liebe, von der Du so viel sprichst, Stich hält."

„Was willst Du damit sagen, Mann?" fragte die Frau ängstlich.

„Ich meine, daß jetzt ein Fall vorliegt, wo sie mir diese Liebe beweisen kann!" entgegnete er.

„Du zweifelst doch nicht, daß sie es thun wird, wenn es irgend in ihren Kräften steht?"

„Warum soll es nicht in ihren Kräften stehen? Es ist gar nicht schwer. Nur ein einziger Gang wird verlangt, weiter nichts. Das ist doch das Wenigste, was man für einen Vater thun kann."

"Sprich Dich deutlich aus, Mann. Diese halben Worte quälen und martern mich. Was für ein Gang ist es, der das Unglück unseres Hauses abzuwenden im Stande ist? Rede, um Gotteswillen!"

"Höre denn. Du weißt so gut, als ich, welche Unglücksfälle nach und nach unser Haus betroffen haben. Große Verluste hatten wir zu tragen, und jede Hülfe, auf die wir rechneten, blieb aus. Meinen Bemühungen ist es mit der größten Aufopferung gelungen, alle Hindernisse aus dem Wege zu räumen. Die Schulden sind getilgt, die Wechsel eingelöst. Es ist alle Hoffnung vorhanden, daß wir, bei der gehörigen Einschränkung, mit Ehren fortbestehen können, wenn nur das Eine nicht wäre."

"Welches Eine, Mann? Darf ich es wissen?"

"Natürlich darfst Du, Du mußt es sogar wissen. Ein Hauptgläubiger bleibt noch zu befriedigen."

"Der Bohnenberg!" rief Frau Brammer unwillkührlich aus.

"Du weißt es also? Warum läßt Du mich denn so lange unnütz sprechen? Dieser Bohnenberg ist zähe, wie Lederzucker. Alles, was in Menschenkräften steht, habe ich versucht, ihn zu bewegen, ein Jahr lang mit seiner Forderung zu warten. Alles umsonst. Er will nicht."

Die Lene war vorhin eingetreten, da die Mutter den Namen Bohnenberg ausrief. Als sie ihre Aeltern im eifrigen Gespräch erblickte, wollte sie sich zurückziehen, ward aber durch die gleich darauf folgenden Worte gefesselt.

„Er will nicht, sage ich Dir!" fuhr Elias Brammer fort. „Und wenn er nicht will, bin ich verloren. Meine Zahlungen muß ich einstellen und der Bankerot ist vor der Thür."

„Wenn ich Dich recht verstehe", sagte die Frau. Er aber ließ sie nicht ausreden und rief:

„Das ist wohl recht schwer zu verstehen", spottete Elias Brammer. „Der Bohnenberg hat die Lene stets lieb gehabt. Noch neulich sagte er, daß sie eine schmucke, dralle Dirne sei, der man gern einen Gefallen erweise. Wenn sie hingeht, und den alten Eigensinn schön bittet, schlägt er es ihr nicht ab..."

„Das ist nicht Dein Ernst, Mann!" fuhr Frau Brammer auf. „Weißt Du, was Du Deinem Kinde zumuthest, indem Du sie dem alten Sünder in das Haus schickst? Nun und nimmer gebe ich dazu meine Einwilligung."

„Du willst also einen Bankerotteur aus mir machen? Willst, daß die Gerichte mich nach dem Winserbaum schleppen? Und warum diesen Schimpf über mich armen, alten Mann? Damit Deiner Tochter ein einziger Gang erspart werde."

Lene trat vor in sichtlicher Bewegung. Sie legte ihre Hand auf den Arm des Vaters und sagte:

„Er soll mir nicht erspart werden. Jetzt gleich will ich ihn antreten."

Elias Brammer schwieg bei der unerwarteten Berührung. Er hatte von der Gegenwart seiner Tochter keine Ahnung gehabt und wußte nicht, was er ihr in dem Augenblicke sagen sollte.

„Du meinst, Vater, daß mein Wort etwas gälte? Ich habe diese Hoffnung nicht, aber ich will sie Dir nicht rauben. Noch heute will ich den Versuch wagen und zu dem lieben Herrgott aus der Fülle meines Herzens beten, daß er mir die rechten Worte in den Mund lege, die im Stande sind, den Sinn dieses harten Gläubigers zu erweichen."

„Meine liebe Lene! Mein gutes Kind!" sagte Elias Brammer gerührt. „Ich wußte es ja, daß Du Deinen Vater nicht in der Noth verlassen würdest."

„Nein, das werde ich nicht. Ich will zu dem Manne gehen und sein Herz zu rühren suchen."

„Deine Mutter wird Dich begleiten", sprach Elias Brammer." Diese erklärte sich bereit.

„Bleibe Du nur bei dem Vater!" sagte Lene, die Mutter liebkosend. Der Mann, zu welchem ich gehen soll, ist einer von Denen, die mit lachendem Munde harmlosen Menschen harte Worte sagen. Er that es stets, wenn er hier war, und wird es nicht unterlassen, wenn Du zu ihm kommst. Es thut Dir jedesmal weh und schneidet Dir in das Herz hinein. Bleibe getrost hier; ich kehre bald zurück."

„Ich darf nicht, Lene. Du bist ohne allen Schutz."

„Bedarf ich des Schutzes? Was hat ein Kind zu fürchten, wenn es geht, für den Vater um Hülfe zu bitten? Stehenden Fußes gehe ich hin. Seid getrost, liebe Aeltern. Es wird mir plötzlich leicht und freudig um das Herz. Alles kann noch gut und fröhlich enden."

Sie entfernte sich.

Herr Bohnenberg hatte früher ein Geschäft von ziemlich unbestimmter Natur getrieben. Er hielt keinen offenen Laden, hatte keine Lagerräume und keine Comptoirstube, noch weniger einen Commis, oder nur einen Lehrling. Alles ging durch seine Hände. Er war sein eigener Buchhalter und Cassirer. Alte Leute, die noch die Aeltern des Herrn Bohnenberg gekannt hatten, versicherten mit Bestimmtheit, daß der ganze Nachlaß in höchstens dreitausend Mark bestanden hätte, das ziemlich baufällige Wohnhaus auf dem Teilfelde nicht gerechnet. Und nun besaß Herr Bohnenberg ein stattliches Erbe in der Reichenstraße und hatte sich ein ansehnliches Vermögen dazu erworben. Er war im Stande, anerkannt tüchtigen Geschäftsleuten, die dessen bedürftig waren, mit den nöthigen Geldsummen beizuspringen. Wohlthun bringt Zinsen. In diesem Verhältniß stand er auch zu dem Elias Brammer, dessen Haus er besuchte, da sie von Alters her mit einander bekannt waren und er sogar bei der Lene Gevatter gestanden hatte.

Herr Bohnenberg erhob sich langsam aus seinem Lehnstuhl, als die Lene zu ihm in die Stube trat. Ueber sein fahlgelbes Gesicht flog ein Lächeln, das einem Satyr gut gestanden haben würde. Seine Verwunderung über das Erscheinen des jungen Mädchens war anscheinend groß, denn er schlug die Hände zusammen und sagte:

„Was für ein Glück will es mir bedeuten, daß ein so liebes, frisches Kind zu mir kommt? Das ist mir seit Jahren nicht begegnet, die Jungfer Brammer bei mir zu sehen."

„Ich bitte um Verzeihung, Herr Pathe, wenn ich vielleicht zur Unzeit störe," sagte Lene beklemmt.

„Ei, was wäre da zu verzeihen! Es ist mir eine wahre Freude. Was thue ich nur, um Dir diese Freude zu zeigen? Setze Dich vor allen Dingen, denn Du wirst von dem weiten Wege müde sein."

Der Alte ließ nicht nach, bis Lene sich setzte. Sie wollte zu reden beginnen, allein er ließ sie nicht dazu kommen, sondern sagte in seiner widerwärtigen Freundlichkeit:

„Womit könnte ich denn dienstlich sein? Vielleicht ein Gläschen süßen Wein? Ein Zwiebäckchen? He!"

„O, Herr Pathe, nicht um solcher Dinge willen bin ich hierher gekommen, sondern um mein Herz vor Ihm auszuschütten und Ihm zu sagen, was mich so schwer bedrückt."

„Ei, das müssen erschreckliche Dinge sein, die das liebe Kind in eine solche Aufregung versetzen. Wo drückt es denn am meisten? Herunter damit in Gottes Namen!"

„Durch diese Worte machte Er mir Muth, Alles frei

heraus zu sagen. Mein Vater ist von mancherlei Unglücksfällen betroffen" . . . .

„Aha! Will es da hinaus? Ich kenne das besser, als Du, Kind, und Du brauchst es mir nicht zu erzählen. Der Elias Brammer verschuldet mir ein ansehnliches Stück Geld."

„Darum bin ich eben hier. Der Vater hat sich aus allen seinen Verlegenheiten herausgeholfen und wird jeder Verbindlichkeit nachkommen, wenn ihm Zeit gelassen wird. Er ist ein guter Mann, Herr Pathe, der es oben ein nicht nöthig hat. Dränge Er meinen Vater nicht. Nehme Er die Kündigung zurück. Ob Er das Kapital, das in der Handlung meines Vaters steckt, ein Jahr früher hat, oder nicht, kann Ihm bei Seinem Vermögen gleichviel gelten."

„Was verstehst Du davon!" fuhr Herr Bohnenberg das junge Mädchen an. Seit dem Augenblicke, da von Geld die Rede war, veränderte sich sein ganzes Wesen. Die grinsende Satyrfreundlichkeit war verschwunden. Seine Sprechweise klang schroff, kurz und verletzend. Er sah die Lene zitternd vor sich und sagte in dem Gefühl der Ueberlegenheit:

„So sind wir denn nun da angelangt, wo wir anlangen mußten, wie ich schon vor Jahren prophezeite. Mein schönes Geld! Aber mir geschieht ganz recht. Warum zog ich es nicht längst aus dem Geschäft des superklugen Herrn? Wenn man eine so lüderliche Wirthschaft führt...."

„Es ist mein Vater, von dem Er in diesem Tone spricht!" unterbrach ihn die Lene.

„Lirum! Larum!" fuhr Bohnenberg fort. „In Geldsachen giebt es nicht Vater und Kinder, nicht Ohm noch Muhme, sondern nur Gläubiger und Schuldner. Dein Vater ist das Letztere und ich der Erstere. Wenn ich nicht mein Geld im Guten bekomme, treibe ich es durch die Gerichte bei. Damit Lied am Ende."

„Habe Er Mitleid, Herr Pathe!" bat die Lene, die Hände nach ihm ausstreckend. „Gedenke Er meiner armen Mutter, die in Noth und Elend geräth, wenn Er unerbittlich bleibt."

„Dein Vater hat für Deine Mutter zu sorgen. Ich habe dazu keine Verpflichtung. Ein ordentlicher Mann findet überall seinen Weg. Ein Geizhals, der in seiner Leidenschaft Alles mit einem Male an sich raffen will, verliert das Gleichgewicht und fällt auf die Nase. Das ist Brammer's Fall. Statt zum Millionair, wird er zum Bankerotteur. Mag er sehen, wie er sich wieder aufhilft. Ich strecke keine Hand nach ihm aus."

„Nun erfahre ich, wie recht die Leute haben, welche Ihn einen kalten, herzlosen Mann nennen", sagte Lene, mühsam die hervorquellenden Thränen zurückhaltend. „Wohin dachte ich auch, daß ich glaubte, es werde mir gelingen, Ihn zu rühren? Aber daß er einem Kinde, welches zu Ihm kommt, in ihrer Herzensangst für den Vater zu bitten, von demselben solche ehrenrührige Dinge sagt, wie Er eben mir gegenüber that, das übertrifft an Härte und Grausamkeit Alles, was ich bisher für möglich hielt. Meine arme Mutter! Wie recht hattest Du, mich vor diesem Gang zu warnen."

Die Lene war ein schönes Mädchen geworden. Aber zweifach schöner war sie in diesem Augenblick, wo die Röthe des Zornes ihr in das Gesicht stieg. Bohnenberg sah sie mit einem seltsamen Blick an, der sie schmerzlich berührt haben würde, wenn sie darauf geachtet hätte, und sagte:

„Unser Gespräch hat eine Wendung genommen, die ich nicht vermuthete. Es ist meine Natur, überall die Wahrheit zu sagen, und ich nehme nie ein Blatt vor den Mund. Damit ist aber nicht gesagt, daß jede

Ausgleichung eine Unmöglichkeit wäre. Es ist schon unter schwierigern Umständen ein Vergleich zwischen zwei kriegführenden Partheien zu Stande gekommen."

Die Zornesröthe schwand aus dem Gesicht der Jungfrau. Ein Strahl der Freude erhellte es.

„Ich wußte es ja, Er kann nicht so grausam sein. Verzeihe Er meine schlimmen Worte um meiner Kindesliebe willen. Was muß geschehen, um Ihn zur Nachgiebigkeit zu bewegen?"

„Habe bereits gegen den Vater ein Wort davon fallen lassen, und wenn ich mich recht auf die Menschen verstehe, hat er es aufgehoben", sprach Herr Bohnenberg. „Gesagt hat er zwar Nichts dazu; allein er hat geschmunzelt, und that es so, daß man dies Schmunzeln für eine Antwort nehmen konnte. Als Du darauf selbst kamst, glaubte ich eigentlich, daß Du von Allem unterrichtet seist. Allein nun sehe ich wohl, daß der alte Fuchs damit hinter dem Berge gehalten hat, und es mir überläßt, die Sache zu ordnen, so gut es gehen will."

Der Lene wurde angst und bange. Es kam ein Fürchten über sie und mit Zittern blickte sie auf den Mann, für den sie von jeher einen leisen Widerwillen empfand.

„Wir wollen es kurz machen, Kind", sagte Herr Bohnenberg und suchte sich ihr soviel als immer möglich zu nähern. „Ich erhalte Deinen Vater vor der Stadt bei Ehren, daß er sein Geschäft unbehindert fortsetzen kann; dafür schafft er mir ein behagliches Alter."

„Wie verstehe ich Das?" fragte Lene und wich unwillkührlich zurück, als Jener sie bei der Hand fassen wollte.

„Das brauchte die kleine, hübsche Lene nicht zu fragen, wenn der Vater offen mit der Sprache herausgegangen wäre. Du bist ein schönes Mädchen geworden, Lene. Brauchst deshalb nicht roth zu werden. Mir wird es langweilig in dem einsamen Hause. Mit meiner alten Haushälterin ist Nichts mehr anzufangen; sie thut nicht ihre Schuldigkeit. Da habe ich mich entschlossen, der widerspenstigen Hexe den Handel aufzusagen und mich mit Gottes Hülfe in den Stand der heiligen Ehe zu begeben. Das kleine, liebe, holde Frauchen aber, welches mir den Himmel auf Erden verschaffen soll, ist niemand anders, als Du."

Lene schrie auf. Ihr Gesicht erbleichte.

„Dich überrascht es", sagte Bohnenberg. „Nur die Schuld Deines Vaters, der Dich nicht vorbereitete."

„Er hat mich verkauft!" rief Lene.

„Was ist das für eine dumme Redensart! Er verlangte meinen Beistand; ich sagte ihm denselben zu, unter der Bedingung, daß er Dich mir zur Frau gäbe."

„Und er willigte ein?"

„Er wolle es sich überlegen, antwortete er, und da Du jetzt freiwillig zu mir in's Haus kommst, muß ich denken, daß Alles in Ordnung ist."

Die Lene bebte zusammen, als jetzt Bohnenberg ihre Hand ergriff und mit widerlicher Zärtlichkeit sagte:

„Im Grunde genommen, gewinnen wir Alle bei dem Handel. Ich für mein Haus, Dein Vater für sein Geschäft und Du selbst für Dein ganzes Leben. Ich bin ein wohlhabender Mann und Du wirst ein vergnügliches Dasein führen. Für Deine Zukunft soll gesorgt werden. Was Du vernünftigerweise verlangst, sollst Du haben. Bedenke es, Lene. Es ist Deine Zukunft, um die es sich handelt. Du bist glücklich versorgt, wenn Du mir die kleine Hand lässest, die ich in der meinigen halte."

„Nun und in Ewigkeit nicht!" rief Lene entschlossen, und riß ihre Hand zurück.

„Bedenke es wohl, Dirne!"

„Hier ist Nichts zu bedenken! Ich will nicht!"

„Es giebt Mittel, Dich zu zwingen, Du kleiner Satan! Dein Vater wird dies Mittel finden, wenn ihm das Messer an der Kehle sitzt."

„Keine Macht der Erde kann mich zwingen, diese Hand und dieses Herz ohne meinen Willen zu verschenken."

„Wirst es müssen. Finde Dich darein!"

„Mir graut vor Ihm! „Rühre Er mich nicht an!"

„Das zu mir?" rief Bohnenberg und seine Augen funkelten." Das soll Dir theuer zu stehen kommen; Dir und Euch Allen! Wenn Dein Vater freies Quartier findet auf dem Winserbaum, werdet Ihr wohl andern Sinnes werden. Aber dann hängt Ihr von meiner Gnade und Barmherzigkeit ab und ich werde mich noch sehr besinnen, bevor ich Gnade vor Recht ergehen lasse."

„Wie Gott es fügt!" entgegnete Lene. „Vor ihm will ich mein Herz ausschütten. Er wird mir den Weg zeigen, den ich gehen soll. Was aber auch über uns verhängt wird, welches Böse Er auch auf uns herabruft, Eines schlägt Ihm fehl. Eher sterbe ich den schwersten Tod, als daß ich Seine Gnade und Barmherzigkeit anrufe."

„Hochmüthiges Pack, das gedenke ich Euch!" rief der alte Bohnenberg ihr nach, als sie sich raschen Schrittes entfernte.

———

Frau Rosmarin hatte sich aus ihrer Wohnung entfernt, um zu gehen, sie wußte kaum, wohin. Welche Reihe von Jahren verstrichen seit dem Tage, da sie an der Hand des Geliebten die Bühne betrat. Die Gegend umher hatte sich so auffallend verändert, daß nur der mit den Oertlichkeiten genau Vertraute sich dort zurecht finden konnte. Wo war das Theater des Prinzipals Pandsen in der Fuhlentwiete geblieben, auf welchem die Comödie des Pfarrers auftauchte, um für immer zu verschwinden? Wo waren die Schauspieler, in deren Kreis sie zuerst eingeführt wurde und die, von Neid erfüllt, sich gegen sie verschworen, was die Erbärmlichkeit, der Jugend und dem Talente gegenüber, stets zu Stande bringt? In alle Welt verstoben und verflogen, gestorben und verdorben. Wo war die mächtige Holzbude auf dem Neuenmarkte, wo sie zuerst mit ihrem Sohne zusammentraf und alle Bitterkeit

einer untergeordneten Künstler=Existenz im vollen Maße
kostete? Keine Spur von ihr zu finden. Der Markt=
platz war ringsum dicht bebaut und die nach Altona,
sowie die in das Innere der Stadt führenden Haupt=
straßen waren mit stattlichen Häusern eingefaßt.

Rathlos stand sie auf der Straße, sich nach allen
Seiten umschauend, diesen oder jenen Vorübergehenden
anredend, von dem sie entweder gar keine Antwort,
oder doch eine mangelhafte erhielt. Die Leute verstan=
den nicht, was man von ihnen verlangte.

Sie hatte einen letzten Versuch gewagt. Der Mann,
den sie anredete, hörte sie aufmerksam an und entgeg=
nete dann:

„Soviel mir bekannt, ist vom Theaterwesen jetzt
Nichts los in unserm Hamburg, allein, wie verlautet,
wird ehestens wieder dergleichen Spektakel stattfinden.
Wenn Sie vielleicht auch eine Comödiantin ist, die bei
einem Prinzipal ein Unterkommen sucht, kann ich Ihr
nur den Rath ertheilen, sich nach dem Pferdemarkte
zu begeben und bei dem Gastwirth Querfeld nachzu=
fragen. Dort verkehren in der Regel die Leute Ihres
Schlages und der Wirth weiß von Allem Bescheid.
Dahin geht der Weg."

Der Mann gab die bezeichnete Richtung an und Frau Rosmarin schlug dieselbe ein.

Bei Querfeld auf dem Pferdemarkte, in dem Hinterhause und eine Treppe hoch war es, wo längere Zeit ein Thespiskarren vorübergehend rastete, um dann weiter zu ziehen und von einem andern abgelöst zu werden.

Dunkel und schmal war die Treppe. Wer dieselbe hinaufstieg, hatte von Glück zu sagen, wenn er sich nicht das Schienbein verletzte. Hier saß, auf roh zusammengezimmerten Bänken, umgeben von einer Wolke von Tabaksdampf und qualmenden Talglichtern, ein verehrungswürdiges Publikum und starrte die Thaten an, welche die Nachkommen des Ehrw. Pandsen mit wunderbarer Bravour verrichteten.

Es war um die Mittagszeit. Der jetzige Direktor hatte gerade eine Probe abgehalten und ruhte von der schweren Arbeit aus, wozu er sich einer umgestülpten Havannah-Zuckerkiste bediente, welche mit grüner Farbe angestrichen war, um nöthigen Falls einen moosbewachsenen Felsen oder eine Rasenbank vorstellen zu können.

Die Oekonomie erlaubte dem derzeitigen Lenker des Thespiskarrens nicht, auf eine besondere Wohnung einen Theil der Einnahmen zu verwenden. Das Theater diente ihm zugleich zum Speisezimmer und zum Schlafkabinet. Es war für ihn Audienzsaal und Studirstube, je nach Bedürfniß. Er lag auf dem erwählten Ruhesitz lang hingestreckt und die gezogenen Töne, die sich bemerkbar machten, bezeugten, daß er die Rolle des Schlafenden nicht erst mühsam einstudirte, sondern in voller Ausübung derselben begriffen war.

Frau Rosmarin war bei Querfeld angekommen und von demselben zurechtgewiesen, stieg sie die Treppe hinan. Er hatte ihr auch den Namen des Mannes genannt, der die Zügel des Musenrosses in der Hand hielt, damit es nicht allzu muthwillige Sprünge mache.

„Stranitzki!" sagte sie vor sich hin. „Stranitzki! Wo hörte ich diesen Namen und bei welcher Gelegenlegenheit? Mein Gedächtniß ist schwach geworden. Es will sich der Vergangenheit nicht mehr erinnern. Und doch klingt dieser Name mir so bekannt vor den Ohren und mit demselben steigt eine unbestimmte Gestalt vor mir aus dem Boden auf.

Der Direktor der mit dem Namen Stranitzki bezeichnet wurde, hatte seine Ruhestunde beendet und erhub sich gähnend, als Jemand mit der Frage an ihn herantrat:

„Habe ich die Ehre, mit dem Herrn Direktor Stranitzki zu sprechen:

„'Schamster Diener! der bin ich. Was steht zu Diensten? Vielleicht ein halbes Dutzend Billets zur heutigen Vorstellung? Capitales Stück heute: „Der zwiefache Jungfernraub, oder der Meuchelmörder aus Nothwendigkeit" nebst einer lustigen Nachkomödie, von mir selbst verfertigt und dargestellt."

„Das ist nicht meine Absicht. Vielmehr . . ."

„Freies Entrée!" fuhr Stranitzki dazwischen. „Wird nicht bewilligt."

„Es ist mir nicht in den Sinn gekommen, darum nachzusuchen", sagte Frau Rosmarin. „Ich wünsche vielmehr ein Engagement anzunehmen."

„Engagement? Man ist also Schauspielerin?"

„Ich war es längere Zeit. Krankheit und andere Verhältnisse hielten mich von der Bühne zurück. Allein jetzt bin ich wieder gesund . . ."

„Wer lange von der Bühne weg ist, soll nicht wieder zu derselben zurückkehren. Er hat die Routine verloren und somit das wichtigste Requisit, dessen der Schauspieler bedarf. Wo war man engagirt und was hat man gespielt?"

Frau Rosmarin erzählte ihre dramatische Laufbahn

mit ziemlicher Ausführlichkeit. Während dieser Mittheilung betrachtete sie den Direktor, mit dem sie in Unterhandlung getreten war, genauer. Es war ein kurzer, dicker Mann, dessen sparsames Haar ergraut war. Sein Gesicht hatte plumpe Züge. Aus den Augen blickte eine Art von gutmüthiger Schlauheit hervor. Er war der Einzige, der von der ehemaligen Pandsen'schen Truppe übrig blieb und hatte sich von der Stellung des Hanswurst zu der eines Direktors aufgeschwungen, ohne jedoch nach Erreichung dieser letzteren Würde auf die erstere zu verzichten. Mit Aufmerksamkeit hatte er die Mittheilungen angehört, die ihm gemacht wurden, und als sie endeten, sprach er:

„Also bei der Pandsen'schen Truppe ist man auch gewesen?"

„Ich kann es kaum behaupten, denn als ich eben die Bühne betrat, schied ich von derselben."

„Wie das? Wie das?"

„Ich war die Braut eines Schauspielers Eberhard Lohse, der den Namen Dunkelschön führte..."

„Dunkelschön!" rief Stranitzki. „Das war ein Blitzkerl! Einen solchen könnte ich brauchen. Und Sie war die Braut des lustigen Burschen? Wie heißt Sie, Frau?"

„Rosmarin nenne ich mich."

„Das ist ein trauriger Name. Der paßt nicht für das Theater. Als Sie die Braut des Dunkelschön war, führte Sie einen andern Namen. Wie war es doch damit? Helfe Sie meinem Gedächtniß ein wenig auf."

Die Frau zögerte einen Augenblick, dann sagte sie erröthend:

„Maienblüthe nannten sie mich."

„Maienblüthe!" rief der Direktor. „Nun weiß ich es. Sie mußte die Kammerzofe in der Comödie des Pfarrers spielen und ich hatte den hanswurstigen Bedienten. Ja, das war ein toller Abend. Ich kroch mit Seiner Ehrwürden durch die Versenkung, um ihn ungesehen fortzubringen. Und Sie ist die Maienblüthe? Ich muß Sie näher ansehen und versuchen, ob ich in Ihrem Gesichte die vergangenen Tage wiederfinden kann."

„Er saß vorne über gebeugt, die Hände auf die Kniee gestützt und schaute sie lange an.

„Sie Aermste! Der Kummer hat tiefe Furchen in diese Stirn gegraben und die Backen sind eingefallen. Höchstens kann Sie nur für komische Alte Verwendung finden und solche Rollen sind sparsam. Allein das ist es ja nicht, was ich sagen wollte, sondern... Aber wer kommt da und stört uns?"

Es war ein Arbeiter, der bei Querfeld das Amt eines Theatermeisters und zugleich bei dem jedesmaligen Direktor den persönlichen Dienst hatte. Er kam mit der Mütze in der Hand und sagte:

„Herr, das Essen, wenn es gefällig."

„Das kommt zur rechten Zeit", rief der Direktor. „Trage reichlich auf; ich habe einen Gast. Nun, Frau? Sie wird wohl mit mir vorlieb nehmen? Wenn man satt ist, spricht es sich noch ein Mal so gut und der alte Hanswurst Stranitzki findet zuletzt noch einen Platz, wo er Sie unterbringen kann."

Frau Rosmarin folgte ihrem Wirth nach dem Verschlage, der als Garderobe diente. Nachdem das bescheidene Mahl beendet war, sagte er:

„Sei Sie getrosten Muthes. Wenn Sie hülflos ist, soll Sie es nicht bleiben. Einstmals, als betrunkenes Volk den Hanswurst hänselte, und ich in meiner Seele tief betrübt war, daß ich nur der Popanz sein sollte, woran Jedermann sich reiben und auf den man schlagen könne, ohne daß er an eine Wiedervergeltung denken dürfe, kam Sie und sah mich an mit Ihren lieben Augen und sagte zu mir: „Nehme Er es sich

nicht zu Herzen; ich halte Ihn für einen guten Ge=
sellen und all' die Unsern thun es." Das Wort habe
ich nie vergessen. Es half mir damals über eine
trübe Stunde weg und so oft eine solche wiederkam,
sagte ich mir: „Nimm es Dir nicht zu Herzen."

Frau Rosmarin drückte ihm die Hand. Stranitzki
erwiederte es und sagte dann:

„Die Frau Querfeld hat eine hübsche Kammer,
worin reisende Künstlerinnen wohnen, die hierorts ein
Unterkommen suchen. Die steht jetzt leer. Ich nehme
dieselbe für Sie in Beschlag und Sie kann einziehen,
sobald Sie will. Thue Sie es bald. Die Frau des
Dunkelschön soll nicht Noth leiden und sich von alten
Jungfern schurigeln lassen, so lange ich selbst noch
ein Stück Brod in der Tasche habe. Gehe Sie mit
Gott, Frau. Aber auf dem Theaterzettel muß Sie
einen andern Namen führen. Rosmarin! Dabei
denkt man an Kirchhof und Leichenträger. Nun Adieu,
Adieu! Komme Sie morgen wieder mit Sack und Pack,
dann soll Alles in Ordnung sein."

Er ließ einen Drittel in ihre Hand gleiten und
folgte ihr bis an die Treppe.

Der Kalender der Jungfer Mewes hatte abermals
gewechselt. Sie empfing ihre Hausgenossin mit gut=

müthigem Schelten über das lange Ausbleiben und erzählte, daß Jungfer Lene Brammer hier gewesen sei und wieder kommen werde.

„Das muß bald geschehen, sonst findet sie mich nicht mehr hier."

Jungfer Mewes riß den Mund weit auf. Ihre Hausgenossin nahm sie bei der Hand und sagte:

„Ich kehre zu meinem früheren Stande zurück. Mir ist eine Stellung geboten, die ich angenommen habe. Es muß sein, denn ich ertrage es nicht länger, von der Barmherzigkeit Anderer zu leben. In dem Querfeld'schen Hause auf dem Pferdemarkte ist das Theater. Dort wohne ich auch. Dorthin sende Sie Alle, die nach mir fragen. Es werden ihrer nicht Viele sein. Mein Sohn . . . wenn er jemals wieder kommen sollte . . . ."

Sie vermochte nicht weiter zu reden. Thränen erstickten ihre Stimme. Jungfer Mewes war ganz starr vor Staunen. Noch nie hatte sie den Mund so weit aufgerissen und noch nie waren so wenige Worte aus demselben hervorgegangen, als heute.

In diesem Moment trat Lene ein und warf sich in die Arme der Frau, welche sie gleich einer Mutter liebte. Sie war gekommen, ihr Herz auszuschütten und die Last abzuwerfen, die dasselbe bedrückte.

Bald waren die gegenseitigen Leiden ausgetauscht. Lene hielt die ältere Freundin fest umschlossen und sagte schluchzend:

„Ihn liebe ich; ihn allein. Von dem Augenblicke an, da wir schieden, wußte ich es. Jahrelang sind wir getrennt, aber noch immer ist das Gefühl so lebendig, als in jener Stunde."

„Gott lohne Dir die Treue gegen meinen Sohn. Wer weiß, wo er weilt! Zu lange ist er fort, als daß ich noch eine Hoffnung hätte, ihn hier wieder zu sehen."

„Dann dort!" entgegnete Lene. „Treue dauert über das Grab hinaus. Und ich darf es kaum wün= schen, daß er wiederkommt. Ich habe mich zwar ent= schieden geweigert, das Gebot des Vaters zu erfüllen. Aber darf ich ihn zu Grunde richten? Darf ich die Mutter in Noth und Elend umkommen sehen? Meine Pflicht ist es, sie zu retten. Und wenn ich diese Pflicht erfülle, bin ich für ihn gestorben. O, Mutter! Mutter!"

„Muth, meine Tochter! Mit der Schwere des Kummers wächst die Kraft, ihn zu tragen, bis diese ganz erlahmt und der Todesengel erbarmend unser Auge schließt. Scheiden wir, mein Kind! Ich wünsche ein fröhliches Wiedersehen um Deinetwillen."

Sie sagte es, allein sie glaubte es nicht, denn Stranitzki hatte ihr vertraut, daß er mit dem nächsten Monat sammt seiner Truppe nach Lübeck gehen werde.

Ueberall Sonnenschein!

Jakob Maifisch hatte eine Tour durch den Hafen vollendet, und legte mit seiner Jolle an der gewohnten Stelle an, wo der grüne Baum sich neugierig im Wasser spiegelt.

„Genug für diesmal", sagte er, die Treppe hinaufsteigend und die Pfeife hervorlangend. „Eine Stunde Ruhe im Schatten wird mir gut thun. Ist von dem Hans Kramer seinem holländischen G., den er mir von Amsterdam mitbrachte, als er das letzte Mal dahin steuerte. Das ist nun auch vorbei."

Mit den Worten war er auf dem gewohnten Platz angelangt, stopfte die Pfeife und schlug Feuer:

„Hätte ich es so gut, als Hans Kramer, thäte ich nichts Anderes, als den lieben langen Tag solchen Taback rauchen, und ließe fahren, wer Lust hätte. Sprach in den letzten Tagen viel von dem Jungen, dem Jan . . . . Hm! Möchte selbst wissen, wo er geblieben ist.

Begegnete neulich der Mutter. Die sah recht kümmerlich aus. Ho, Ho! Was flackert mir denn da vor den Augen herum?"

Er sah auf und gewahrte einen hochaufgeschossenen, verlumpten Kerl, der ihm eine leere Pfeife hinhielt.

„Was soll ich damit?"

„Stopfen!" entgegnete Jener. „Allein aus Euerm Beutel, denn der meinige ist leer."

Jakob Maifisch erhob sich, stellte sich gerade vor den Kerl hin und maß ihn von oben bis unten:

„Bist Du auch einmal wieder da, Jan Lump?"

„Jan Thiemer heiße ich", entgegnete Jener. „Und am Dreikönigs=Abend stelle ich den Mohrenkönig vor, da ich das Erbe Jan Blaufinks verwalte."

„Ja, das muß wahr sein", sprach der Jollenführer. „Einen solchen Nichtsthuer und Herumtreiber giebt es in Hamburg keinen zweiten! Machst dem armen Jungen, der seinen Namen auf Dich vererbte, Schande über Schande. Seit wie lange bist Du denn wieder auf freien Füßen?"

Jan Thiemer ballte die Faust, ließ sie aber wieder sinken, als der Jollenführer sagte:

„Willst Dich wohl an einen alten Kerl vergreifen, weil er Dir die Wahrheit sagt? Komme nur heran!

Wirst bald spüren, daß meine Knochen stark genug sind, blaue Beulen zu schlagen. Da macht er Kehrt, der Prahlhans! Ist ein Lump, sage ich und bleibe dabei."

„Jakob Maifisch, Wem hältst Du eine Predigt?" fragte eine tiefe Stimme und eine robuste Gestalt trat dem Jollenführer gegenüber.

„Geht Euch nichts an!" entgegnete dieser und sah dann erst genauer hin, Wer ihn anredete.

Es war Claus Tiedenbringer, der Unermüdliche. Die lebendige Elbpost, wie er genannt wurde, denn er hatte Kunde von Allem, was auf dem Strome vorging und brachte stets die ersten Nachrichten von der Ankunft der Schiffe in die Comptoirs, sowie in die Wohnungen der reichen Capitaine und der armen Aeltern der Schiffsjungen.

„Gut", entgegnete Claus Tiedenbringer und machte Kehrt. „Wenn ich nun auch sagte: Geht Euch nichts an, was ich weiß."

„Würde mir nicht das Herz abstoßen", sprach Jakob Maifisch. „Wer weiß, ob es eine Pfeife voll Tabak werth wäre."

„Zwei Pfeifen voll, Mann!" lachte Claus Tiedenbringer. „Aber im Ernste, alter Maat. Ich weiß von einem Schiffe, „Elbe" geheißen, das von dem Capitain Rose kommandirt wird. Dasselbe kommt von Java mit reicher Ladung und einer Kajüte voll Passagieren. Die „Elbe" gehört ja wohl zu den Schiffen, die Ihr zu bedienen habt? Nun, mein Junge, Capitain Rose ist seit gestern binnen, und legt in einer halben Stunde an das Schlengels. Ist das zwei Pfeifen Tabak werth?"

Jakob Maifisch entgegnete Nichts, sondern drückte dem Fragenden seinen ganzen Vorrath, sammt der Tasche, worin derselbe befindlich, in die Hand, eilte die Treppe hinunter und ruderte mit seiner Jolle davon, so schnell er vermochte.

Der stattliche Dreimaster „Elbe", langsam von der Fluth geschoben, gierte dem Schlengels zu. Der Hafenmeister erschien an Bord, grüßte den Capitain als einen alten Bekannten und verbeugte sich vor den Passagieren, die auf dem Halbdecke standen.

Der Jüngere von diesen wandte sich an seinen ältern Begleiter und sagte lächelnd:

„Als ich vor zehn Jahren mit dem Hans Kramer in See ging, hat der Herr nicht den Hut vor mir abgenommen, ich glaube auch, er grüßt nicht mich, sondern die ostindische Lieutenants-Uniform."

„Nun sind wir heim!" entgegnete der Aeltere von Beiden.

„Ja, Vater. Und wenn es Gott gefällt, finden wir Alle glücklich beisammen; die Mutter und die Lene. Hörst Du, Vater? Die Lene muß mit dabei sein, sonst paßt der ganze Kram nicht!"

„Elbe, ahoi! Willkommen binnen!" rief es aus der Jolle, die seitlängs legte, zu Deck. „Darf ein alter Bekannter an Bord kommen?"

„Je eher, je lieber!" rief der jüngere Passagier, der, über die Schanzkleidung wegschauend, die Jolle sammt ihren Führer erkannte. Jakob Maifisch, alter Junge, komme herauf und zuerst hierher zu mir."

„Allstunds!" erwiderte Jener und beeilte sich, so sehr er konnte. „Hier bin ich, Herrschaft, nach Ordre. Was will Herrschaft von mir?"

„Jakob Maifisch", sagte der Passagier lachend. „Ich glaube, Du bist hochmüthig geworden?"

„Habe nichts dergleichen an mir", entgegnete er kopfschüttelnd. „Warum soll ich hochmüthig sein?"

„Weil Du einen alten Bekannten nicht wieder kennst, der Dich gleich bei Namen anredete."

„Habe mich auch darüber gewundert", entgegnete der Jollenführer. „Kann mich aber nicht besinnen..."

"Da muß ich wohl dem alten Kopfe zu Hülfe kommen. Weißt Du nicht, wo der übermüthige Bursche hingerathen ist, der mit des Schiffers Hans Kramers Jolle auf den Vorsetzen hin= und herfuhr und eine junge hübsche Dirne von dem Sims herunter langte?"

Der alte Jakob Maifisch schlug die Hände vor Verwunderung zusammen. Er sah den stattlichen Seemann von oben bis unten an und sagte dann mit einem tiefen Athemzuge:

"Jan Blaufink!"

"Ja, alter Maifisch. Jetzt Eberhard Lohse geheißen, wie mein Vater, den Du da leibhaftig vor Dir siehst. Auch habe ich keinen Anspruch mehr auf den Namen Jan Blaufink, da ich ihn bei meiner Abreise auf den Jan Thiemer vererbte . . ."

"Der Dir Schande genug gemacht hat, denn er ist ein Nichtsthuer, ein Herumtreiber geworden. Muß aber Herrschaft bitten, nicht für ungut zu nehmen, daß ich schlankweg Du sagte. Weiß, was mir zukommt, und werde . . ."

"Dir kommt für's Erste zu, alter Maat, meinen Vater und mich an's Land zu bringen! — Capitain Rose, unser Gepäck lassen wir holen, sobald wir ein Unterkommen gefunden! — Nun frisch zu Boot!"

„Gleich, Herrschaft. Will nur noch ein Wort ausrichten vom Sch er Hans Kramer."

„Wo ist der brave Mann?"

„Liegt in dem Hafen, worin wir Alle unsern Ankerplatz finden, früher oder später. Nach St. Nicolai haben sie ihn hinausgetragen. Als ich ihn das letzte Mal sah, sprach er zu mir: Jakob Maifisch, wenn Du länger lebst, als ich und Du siehst den Jan wieder und es ist ein braver Kerl aus ihm geworden, dann gieb ihm von meinetwegen die Hand und sage ihm, daß ich ihn schön grüßen lasse. Nun ist mein Gewerbe bestellt und ich will das Boot an den Fallreep legen."

Der Jollenführer fuhr mit seinen Passagieren ab.

—

Jungfer Mewes war seit mehreren Tagen in lebhafter Unruhe. Jahre lang war sie es gewohnt, mit der Frau Rosmarin zusammen zu leben, bald mit ihr zu zanken, bald sie zu pflegen und ihr freundlich beizustehen. Und nun blieb sie allein, vom frühen Morgen, da sie die Augen öffnete, bis zum späten Abend, wenn sie sich niederlegte. Die Unruhe war im Steigen.

„Das halte ich nicht aus!" rief sie endlich entschlossen. „Ich gehe nach dem Pferdemarkt. Sie muß wieder hierher und wenn sie es partout nicht thut, ziehe ich zu den Comödianten, es mag daraus werden, was da will. Soll ich hier in der Einsamkeit versauern? Ich will etwas von meinem Leben haben."

Das Selbstgespräch wurde unterbrochen. Es kam Jemand die Treppe herauf. Die halbmorschen Stufen seufzten unter dem festen männlichen Tritt.

„Hollah Ahoi!" erscholl es von unten herauf. „Wohnt die Jungfer Mewes noch hier? Will sie anpreien!"

„Was will Er?" fragte sie erschrocken und sah mit einiger Furcht auf den stattlichen Seemann, der lachend vor sie hintrat.

„Ja, das ist die Jungfer Mewes ganz und gar, wie ich sie verlassen habe, nur noch ein wenig magerer geworden. Mache Sie kein verdrießliches Gesicht, Jungfer Mewes. Meine es gut mit Ihr und will es Ihr beweisen. Aber nun spreche Sie vor allen Dingen, wo ist die Frau Rosmarin und wie geht es ihr?"

„Was geht Ihn die Frau Rosmarin an? Was Er wohl von ihr will, möchte ich wissen?"

„Was sie mich angeht? Sieht Sie nicht, daß mir das Herz auf der Zunge sitzt und daß meine Augen Wasser pumpen? Bin ich so sehr verändert, daß Sie den Jan Blaufink nicht kennt, der von Ostindien kommt und in aller Herzensangst nach seiner Mutter fragt?"

Es kostete viel, die Jungfer Mewes zu beruhigen und sie zum Stehen zu bewegen. Alle Fragen blieben unbeantwortet, bis sie endlich ausrief:

„Nun sehe mir Einer an, wie groß der Taugenichts geworden ist."

„Ja, Jungfer Mewes, groß ist er geworden. Und er befindet sich in der Lage, gute Dienste gut zu belohnen. Das versteht Sie wohl auch und darum spreche Sie von meiner Mutter, ob sie lebt?"

„Die Mutter lebt. Aber hier ist sie nicht."

„Und wo finde ich sie? Wo?

Das unerwartete Ereigniß hatte die Jungfer Mewes so überrascht, daß sie den Faden nicht finden konnte, woran sie ihre Worte reihen wollte. Es folgte ein so seltsames Durcheinander, daß die Angelegenheit immer verworrener wurde und die Ungeduld des Seemanns auf das Aeußerste stieg.

„Es ist genug!" rief er endlich und sprang von dem Schemel, auf welchem er Platz genommen hatte, mit solcher Heftigkeit auf, daß Jungfer Mewes erschrocken zurückprallte und beinahe den Dukaten fallen ließ, den Jener ihr in die Hand drückte. „Querfeld, Theater, Pferdemarkt! Nun finde ich mich schon zurecht."

In drei Sätzen war er unten.

———

Auf dem Querfeld'schen Olymp, woselbst der Hanswurst Stranitzki als Jupiter thronte, war eine ungewohnte Stille. Die Schauspieler fanden sich zu der Probe eines neuen Stückes ein, welches am folgenden Abend in Scene gehen sollte, als der Arbeiter erschien, welcher als Factotum des Direktors fungirte, und die Mittheilung machte, die Probe werde auf den Nachmittag verschoben, die Herrschaften möchten sich nur entfernen, bis auf die Frau Rosmarin, mit welcher der Direktor noch zu sprechen habe.

Die Abgehenden wurden durch diese Botschaft in keine geringe Verwunderung versetzt, als die Zurückbleibende. Ihr Staunen wuchs, als nach einigen Minuten Stranitzki mit dem ernstesten Gesicht von der Welt erschien und zu ihr sagte:

„Man wird sich gewundert haben, daß ich die Probe plötzlich abbestellte. Es geschah keinesweges ohne dringende Ursache. Es hat sich ein junger Mann gemeldet, der Lust zum Schauspieler hat. Ist ein recht stattlicher Junge und ich bin nicht abgeneigt, ihn in die Lehre zu nehmen. Wollen indessen erst einmal sehen, ob er auf den Brettern gehen und stehen kann. Weil er aber noch nie eine Rolle lernte, soll er uns eine Scene vorspielen."

„Unvorbereitet?"

„Ja! Eine Comoedia del arte, wie man es nennt. So zu sagen, aus dem Stegreif, und dabei soll Sie behülflich sein. Setze Sie sich dahin und stelle Sie sich vor, daß Sie eine reiche Kaufmannsfrau, oder so etwas dergleichen ist. Ich bin ein Comptoirdiener und erscheine, um einen jungen Seemann zu melden. Dieser Seemann, versteht Sie, ist unser Debutant. Nun, ist Sie bereit?"

„Ich bin es. Wenn ich freilich sagen muß . . . ."

„Sage Sie nichts; gar nichts, als ein Paar Worte zur Einleitung, ganz beliebige, wie Ihr solche gerade in den Mund kommen. Ich erscheine dann schon zur rechten Zeit." Stranitzki zog sich zurück.

Frau Rosmarin fühlte sich beklommen; sie wußte nicht, weshalb. Ihre Gedanken wollten sich nicht fesseln lassen und als sie sah, daß Stranitzki von dem Hintergrunde aus sich ihr näherte, fragte sie rasch:

„Ist Jemand da?"

„Mit Wohlnehmen, ich. Der Comptoirknecht."

„Was will Er von mir?"

„Es ist ein Seemann draußen, der mit der Madame zu sprechen wünscht."

„Woher kommt er und wie heißt er?"

„Das hat er mir nicht gesagt. Er hat mir nur aufgetragen, zu bestellen, daß er von weither käme und wichtige Nachrichten für die Madame mitbrächte."

„So lasse Er ihn eintreten!" sagte Frau Rosmarin, indem sie sich unwillkührlich erhob.

Der Seemann erschien. Er machte Miene, rasch vorzugehen und die Arme auszubreiten, allein er hielt sich zurück und sagte:

„Mit Verlaub, Madame!"

Noch hatte Frau Rosmarin den Auftretenden nicht angesehen. Jetzt wendete sie sich zu ihm und ein frohes Ahnen flog über ihr Gesicht. Ihr Herz begann zu schlagen.

„Näher!" sagte sie in fliegender Hast. „Ganz nahe, damit ich höre, was Ihr mir zu sagen habt."

„Ich komme als Bote von einem Matrosen, der lange Jahre vom Hause weg ist und der gerne wieder dahin zurückkehren möchte."

„Warum thut er es nicht?"

„Weil er so lange fortgeblieben ist, ohne Nachricht von sich zu geben, was nicht seine Schuld war, und er nun nicht weiß, ob er zu Gnaden aufgenommen wird."

„Ist es nicht eine Mutter, zu welcher der verloren geglaubte Sohn zurückkommen will?"

„Es ist eine Mutter, eine liebe gute Mutter!"

„Warum läßt er sie denn noch immer warten?" rief Frau Rosmarin, die Arme ausbreitend. „O, mein Sohn! Mein Sohn!"

„Mutter!" erscholl es als Antwort. Der Seemann warf sich zu ihren Füßen und umklammerte ihre Kniee.

Eine Viertelstunde verstrich. Stranitzki erschien im Hintergrunde. Nach ihm trat eine zweite Gestalt aus den Coulissen. Der Erstere gab ein Zeichen. Frau Rosmarin hörte es nicht in ihrer Erregtheit; aber der Sohn winkte rückwärts mit der Hand und sagte dann zu der Mutter:

„Der Comptoirdiener hat mich der Madame mit den Worten gemeldet, daß ich wichtige Nachrichten aus fernen Landen mitbrächte und darum will ich mich derselben entledigen."

„O, mein Sohn, keine Comödie in diesem ernsten, feierlichen Augenblicke."

„Doch, Mutter. Ich habe viel zu sagen und muß es sagen, jetzt gleich, in dieser Stunde noch. Setze Dich hierher und höre mich an."

„So sprich denn. Was kann ich Anderes thun, als mich Deinen Wünschen fügen. Wie lautet die Kunde, die Du mir bringst?"

„Eine Geschichte habe ich Dir zu erzählen, Mutter. Eine einfache, rührende Geschichte. Es ist das Erlebniß eines Mannes, der eine junge und schöne Geliebte hatte, die ihn wieder liebte und mit welcher er sich trauen ließ. Aber kaum war das geschehen, als er verschwand."

„Er verschwand?"

„Ja, Mutter. Spurlos Die arme Frau! Sie hatte kaum Hochzeit gehalten und war schon Witwe. Tiefer Kummer ergriff sie, da sie sich treulos verlassen wähnte. Die Aermste! Sie täuschte sich."

„Was sagst Du? Sie täuschte sich?"

„Ich sagte es. In Indien war es, wo sich die Lösung des Räthsels fand. Auf offener Straße hatten ihn die Werber in ihre Falle gelockt. Sie schleppten ihn an Bord eines Schiffes, das nach Holland segelte.

Dort brachte man ihn auf einen Ostindienfahrer. Er machte die ganze Hölle durch, die Jedem gewiß ist, der den Seelenverkäufern in die Hände fällt. Nachdem die langen Jahre maßloser Sclaverei vorüber sind, ist der Körper krank und der Geist verdüstert. Eine schwere Krankheit wirft ihn nieder. Als er endlich genesen ist, erscheint ihm die Vergangenheit wie in Nebel gehüllt. Nur wie eines Traumes erinnert er sich derselben. Einzelne Bilder tauchen von Zeit zu Zeit vor ihm auf und verschwinden, wie sie kamen."

Frau Rosmarin blickte mit der größten Spannung auf den Sohn:

„Ist Deine Geschichte zu Ende?"

„Sie endet in diesem Augenblick. Ich sah den Mann und sprach ihn täglich. Wir wurden mit einander vertraut und wohnten unter einem Dache. Da eines Abends erhob sich ein furchtbares Ungewitter. Die Donner rollten unaufhörlich. Tausend Blitze zuckten um uns her. Das Haus, worin wir herbergten, stand in Flammen. Ich ergriff ihn bei'm Arm, um uns Beide vor dem gewissen Tode zu retten. Aber er riß sich von mir los und eilte die Treppe hinauf in seine Stube. Mit einer Kassette unter dem Arm, von Flammen umsprüht, in augenscheinlichster Gefahr schwebend, kam er zurück. Kaum waren wir im Freien, als das brennende Haus zusammenstürzte."

„Allmächtiger Gott!" schrie die Mutter laut auf.

„Ich brachte den Mann in Sicherheit. Als wir wieder traulich bei einander saßen, öffnete er die Kassette und sagte: Um dieses Kleinodes willen wagte ich mein Leben. Vor der Gluth des Feuers schwand der düstere Nebel und meine Vergangenheit liegt hell vor mir. Schau her! Er nahm ein Blatt Papier aus der Kassette und schlug es auseinander."

Mit diesen Worten zog er ein Blatt aus seiner Tasche und hielt es der Mutter hin:

„Weißt Du, was auf diesem Blatte steht?"

„Ich weiß es nicht", antwortete sie mit zitternder Stimme. „Mir schwimmt es vor den Augen."

„Auf dem Blatte steht, daß der Schauspieler Eberhard Lohse, genannt Dunkelschön und die Schauspielerin Christiane Ramke, genannt Maienblüthe, von dem Pastor Koch zu Geesthacht in aller Form getraut sind . . . ."

Ein Schrei unterbrach ihn. Es war ein Schrei, wie er sich einer Brust entringt, die plötzlich von einer Jahre langen, schweren Last befreit wird:

„Und wo? Wo?"

„Hier ist er! rief der Seemann und winkte dem Manne, der im Hintergrunde wartete.

Dieser eilte herbei und warf sich der Frau zu Füßen:

„Christine! Christine!"

„Eberhard!" sagte sie mit vor Thränen erstickter Stimme und beugte sich über ihn.

Der Seemann trat zu dem über diese Wendung der Comödie ganz erstaunten Prinzipal und sagte:

„Wir wollen die Beiden ihre Scene allein zu Ende spielen lassen; sie duldet keine Zeugen. Was Ihr aber für meine Mutter habt thun wollen, bleibt unvergessen und wird in mein Schuldbuch eingetragen. Sie sind nun beisammen und es ist nicht mehr als billig, daß ich jetzt an mich denke und meinen Cours nach einer Richtung lenke, wohin Kopf und Herz längst vorauf gegangen sind."

———

Frau Brammer war auf dem Wege von ihrem Manne zu ihrer Tochter. Die arme Frau trug ein schweres Leid. Seitdem das Unglück über ihn kam, ward der Mann täglich und stündlich unleidlicher. Die Lene war sein Liebling. Alle seine Schroffheiten und üblen Neigungen wurden bisher ausgeglichen durch die zarte Liebe zu seinem Kinde. Aber von der Stunde an, da sie sich weigerte, dem alten Bohnenberg ihre Hand zu reichen, um durch diese That die Firma Brammer bei Ehren zu erhalten, wandelte sich die Liebe in Widerwillen. Er sah sie nicht mehr an. Er richtete kein Wort an sie und wenn sie den Mund öffnete, drehte er ihr den Rücken und entfernte sich.

"Morgen ist der letzte Termin, hatte er zu seiner Frau gesagt, als sie vorhin bei ihm war. "Kann ich dann nicht zahlen, muß ich von Haus und Hof gehen."

"Wer weiß, woher der Rettungsengel kommt", entgegnete die Frau. Allein die Stimme klang so traurig, daß man wohl merkte, sie glaube selbst nicht an diese unverhoffte Rettung.

"Die Engel stehen nur in dem alten Testament", entgegnete Brammer bitter. "Morgen bin ich bankerott, und wenn diese Schande über mich kommt, springe ich in die Elbe."

Erschreckt entfernte sich die Frau nach diesen Worten. Mit schwerem Herzen stieg sie die Treppe hinan und trat in die Kammer der Tochter:

"Lene, erbarme Dich Deiner armen unglücklichen

Mutter. Der Vater erklärt sich bankerott und will diesen Schimpf nicht überleben. Er stirbt, Lene..."

"Fürchte nichts, Mutter", unterbrach die Lene. Der Vater wird nicht sterben."

"Kind, Du kennst nicht seinen starren Eigensinn, wie ich ihn kenne."

"Sei ruhig, Mutter, und höre mich an. Ich bin in der letztverwichenen Nacht mit mir zu Rathe gegangen und habe meinen Entschluß gefaßt. Ich hatte eine frohe, heitere Jugend. Was ich mir wünschte, erhielt ich. Was ich wollte, geschah. Dir danke ich das; Dir und dem Vater, der jede meiner kleinen Launen erfüllte. Mir ziemt es nicht, über den Mann, den so Viele anfeinden, zu urtheilen. Mir ist er nur ein liebevoller, hingebender Freund gewesen. Lebte ich bis dahin in harmloser Glückseligkeit, ist es billig, daß ich auch von der Bitterkeit des Lebens meinen bescheidenen Theil erhalte. Der Vater verbrachte seine Tage in Mühen und Sorgen. Arbeit am Morgen, Arbeit am Abend war sein Loos. Darum muß sein Alter vor Kummer bewahrt bleiben und die Sorge dafür nehme ich auf mich."

"Kind! Lene! Wie soll ich das verstehen?"

"Ich sagte Dir, daß ich mit mir zu Rathe ging

und meine geheimsten Gedanken vor mir entfaltete. Alle Träume, alle Hoffnungen, die ich insgeheim nährte und die mich so unaussprechlich glücklich machten, traten an das Licht. Ich habe Abschied von ihnen genommen. Sie sind verflogen, vergessen."

Sie brach in ein lautes Schluchzen aus und warf sich in die Arme der Mutter:

Nein, nein! Das war eine Lüge! Vergessen sind sie nicht und werden es nimmer sein. Aber sie sind begraben im tiefinnersten Herzen und Keiner wird eine Ahnung haben von Dem, was diese Brust verbirgt."

„Lene, erbarme Dich! Du bringst Dich um mit diesem schrecklichen Gedanken."

„Ich werde vielmehr leben, Mutter. Zu Deinem Glücke, und ich werde die Kraft dazu in mir finden," sagte Lene nach einer Pause, indem sie ihre Thränen trocknete und der Mutter die Hand reichte. „Und nun, höre mich ruhig an. Pathe Bohnenberg hat um meine Hand geworben, gehe Du zu ihm und sage, daß ich seine Frau werden will."

„Ist das Dein Ernst, Kind?"

„Es ist mein voller Ernst. Nichts soll mich von diesem Entschluß abbringen. Ich hörte, Morgen Nachmittag sei der letzte Termin, den der Mann dem Vater gestellt hat. Wenn er kommt, um seine Schuld beizutreiben, werde ich für den Vater zahlen. Bis dahin bleibe ich noch mit mir allein und versuche es, mich mit meiner Zukunft vertraut zu machen."

„Alles, was Du verlangst, mein geliebtes Kind. Aber Dein Vater! Er wird es sich überlegen; er wird das Opfer nicht annehmen!"

„Darum mußt Du es ihm nicht sagen. Ich selbst will den Schuldbrief in seine Hände legen. Geh nun, und erfülle meine Bitte."

„Ich unterwerfe mich", sagte Frau Brammer. „Ach, ich habe es während meines ganzen Lebens nicht gelernt, Widerstand zu leisten."

„Und nun noch ein Wort des innigsten Vertrauens", sagte Lene, die Mutter zurückhaltend. „Wenn ein Tag kommt, an welchem er erscheint . . . . Du weißt es ja, Mutter, wen ich meine. Sage ihm, daß er mich nicht aufsuchen, mir nicht in den Weg treten und mir die Ruhe gönnen soll, die ich mir mühsam errang. Aber sage ihm auch, daß ich nur die Treue brach, um meine heiligste Kindespflicht zu erfüllen und daß ich ihn nun und nimmer vergessen würde."

Noch ein Mal umarmte die Mutter ihre Tochter und drückte sie an ihr Herz. Dann ging sie gerade, aufrecht und festen Fußes von ihr weg. Es schien, als sei etwas von dem Muthe und der Entschlossenheit ihres Kindes auf sie übergegangen.

Der gefürchtete Nachmittag kam heran. Herr Elias Brammer saß in seinem Armstuhl und brütete vor sich hin. Seine Frau stand nicht weit von ihm und versuchte von Zeit zu Zeit, ihm Rede abzugewinnen. Umsonst.

Da schlug die Wanduhr Drei. Er horchte auf und sagte langsam:

„Das ist die Stunde. Er wird nicht auf sich warten lassen. Ist der Laden geschlossen?"

„Es ist geschehen, wie Du es angeordnet hast, zum großen Erstaunen mehrerer Kunden, die kopfschüttelnd weggegangen sind."

„Sie werden anderswo hingehen. Es braucht Niemand unsere Schande zu sehen."

Wieder wurde es still. Bleischwer zogen die Minuten nach einander hin.

Da klingelte es an der Hausthür und bald darauf trat Herr Bohnenberg im vollen Sonntagsstaat in die Stube:

„Allerseits einen fröhlichen Tag!"

„Er ist pünktlich!" sagte Elias Brammer.

„Ein Geschäftsmann ist immer pünktlich," entgegnete Herr Bohnenberg. „Wie sollte ich es nicht sein bei einem so glücklichen Anlaß."

„Glücklicher Anlaß?" murmelte Elias Brammer zwischen den Zähnen. „Er höhnt mich noch."

„Gewiß," sagte Bohnenberg und wandte sich zu der Frau:

„Nochmals meinen Dank für die gestrige Botschaft, die ich durch Ihren Mund empfing."

„Bist Du denn bei dem Herrn gewesen?"

„Allerdings. Und ich habe es hoch aufgenommen. Aber wir könnten zuerst das Geschäftliche . . . ."

„Ja, ja!" sagte Elias Brammer bitter. „Das ist die Hauptsache."

„Dann müssen wir aber vollzählig sein."

Elias Brammer sah fragend auf. Seine Frau kam ihm zuvor, indem sie sagte:

„Die Lene wird gleich hier sein. Ich will ihr entgegen gehen."

„Was soll die Lene hier?" fuhr Brammer auf. Ich will sie nicht sehen."

Lene betrat die Stube. Sie war überaus einfach

gekleidet. Ihr Gesicht war bleich. Um ihre Lippen spielte ein mattes Lächeln. Sie ging auf den Vater zu, der sie wie eine Erscheinung anstarrte und sprach:

„Pathe Bohnenberg hat um meine Hand angehalten. Ich bin mit mir zu Rathe gegangen und bereit, seine christliche Hausfrau zu werden, wenn Du, lieber Vater, mir zu dieser Verbindung Deinen Segen geben willst."

Ein Strahl der Freude flog über das Gesicht des alten Mannes:

„Kind! Du wolltest? So ein Herz! — Und ich schalt auf Dich und verwünschte Dich! — Strafe mich nicht, Gott, um dieser Sünde willen! O, wie danke ich es Dir? — Aber nein, das Opfer ist zu groß. Ich kann es nicht annehmen! Ich will es nicht annehmen!"

„Es ist kein Opfer, Vater!" sprach Lene. „Es ist eine Schuld der Dankbarkeit, die ich Dir zahle; Dir und der Mutter. Du machst mich glücklich, wenn Du es von mir annimmst."

Sie wandte sich zu dem Pathen und sagte:

„Meine Mutter wird Ihm Alles gesagt haben, Pathe Bohnenberg . . ."

„Alles, Alles, Kind!" entgegnete er rasch. „Ich

willige darein und lege das Versprechen in diese liebe kleine Hand."

Die Lene zuckte zusammen, als Bohnenberg ihre Hand berührte, worin er ein Papier niederlegte.

Da ward draußen geklingelt. Die Hausthür wurde aufgerissen und ein kurzer Wortwechsel entstand auf der Diehle.

„Es soll Niemand herein!" rief die Magd, und der Ladenbursche stimmte mit ein.

„Ich will aber herein und wenn Ihr mich nicht im Guten gehen laßt, brauche ich Gewalt!" erklang eine helle Stimme, die Lene so mächtig ergriff, daß sie mit der Hand nach dem Herzen fuhr.

„Wer untersteht sich!" . . . fuhr Herr Bohnenberg auf, der hier bereits ein Recht zu haben glaubte, das erste Wort zu führen.

Frau Brammer sah ängstlich auf ihre Tochter, die sich sichtlich veränderte. Elias Brammer erhob sich, um nachzusehen. Auf der Schwelle erschien ein kräftiger Mann in der niederländisch=ostindischen Marine=Uniform und trat vollends in die Stube:

„Bitte es nicht übel zu deuten, daß ich ohne alle Umstände eintrete; allein ich habe ein wichtiges, un=

aufschiebbares Geschäft in diesem Hause, das ich zu Ende bringen will."

„Wer ist der Herr und was sucht der Herr? fragte Herr Elias Brammer.

„Ich suche den Herrn Bohnenberg," war die Antwort.

„Der bin ich!" sprach dieser und trat vor. „Was will der Herr von mir?"

„Er hat eine Schuldforderung von zehn Tausend Mark an den hier gegenwärtigen Kaufmann Brammer?"

„Geht Das Ihn etwas an?"

„Freilich. Er treibt Seine Schuld auf eine Art bei, die einen Stein erbarmen könnte; darum bin ich gekommen, Ihn daran zu hindern."

„Das wollen wir einmal sehen."

„Ich will Ihm nicht die Augen verbinden. Gebe Er nur recht Acht."

„Er wandte sich zu Lenen, die abwechselnd erblaßte und erröthete. Ihr Herz schlug ahnungsvoll und ihre Augen füllten sich mit Thränen:

„Jungfer Brammer, ich bin hierher gekommen, um Ihr eine große Schuld zu bezahlen."

„Ich weiß von keiner Schuld!" sagte sie leise.

Elias Brammer wollte sich in das Gespräch mischen.

Seine Frau hielt ihn unwillkührlich zurück. Bohnenberg sah den Seemann, den er gern mit Blicken getödtet hätte, mit einem grimmigen Gesicht an. Ihm wurde unheimlich in der Nähe desselben.

„Aber ich desto besser", fuhr der Seemann fort. „Ich bin gekommen, eine große Schuld zu zahlen, sage ich nochmals; allein ich weiß nicht, wie ich es anfangen soll. Womit bezahle ich alle Liebe und Treue, welche Sie einer alten, kinderlosen Frau erwies? Womit tilge ich den großen Posten an Güte und Sorge, den Sie mit verschwenderischer Hand einer Verlassenen darbrachte?"

„O nicht doch", entgegnete Lene. „Ich verdiene das nicht!"

Sie vermochte nicht weiter zu sprechen; aber ihre Augen leuchteten, als sie den Mann betrachtete, der ihr näher getreten war und dessen Blicke tief in ihr Herz drangen.

„Sage mir, Lene", fuhr er fort, „denn Du wirst es schon errathen haben, wer ich bin, wenn Dir auch mein Gesicht fremd geworden ist. Womit soll ich gut machen, was Du mir thatest, indem Du Kindestreue an meiner Mutter übtest?"

„Ich bin bezahlt! Ueber und über ist die Schuld getilgt, da Du noch meiner gedenkst und in Liebe auf ein armes Mädchen blickst, die Dir das Leben dankt."

Sie sank in seine Arme und er umschloß sie fest und innig.

„Jesus, das ist der Jan!" rief Frau Brammer aus und faßte die Hand ihres Mannes, der bei dieser unerwarteten Wendung der Dinge verstummt dastand.

„Wer ist der Kerl, der sich untersteht, meine verlobte Braut zu küssen! fuhr Herr Bohnenberg auf. „Und was für eine Dirne ist Sie, daß Sie sich dem Ersten, Besten ohne Umstände an den Hals wirft?"

Lene war zu glückselig, als daß sie diese kränkenden Worte gehört hätte; aber der Seemann hatte sie vernommen und sagte laut:

„Der Kerl, von dem Er spricht, ist hierher gekommen, unschuldige Menschen aus Seinen Diebskrallen zu reißen und zu verhindern, daß ein so liebes gutes Kind, als die Lene ist, an Seiner Seite eines tausendfachen Todes sterbe."

„O, Jan! Jan!"

„Der arme Jan Blaufink ist abgethan, Lene. Der Findling fand hier seine Mutter und im Auslande seinen Vater. Dein Bräutigam ist Lieutenant in der Ostindischen Marine und heißt Eberhard Lohse. Und nun zeige mir her, was Du da in der Hand hältst. Vermuthlich das Blutgeld, womit der graue Wucherer Deine arme Seele kaufen wollte? Her mit dem Dinge! Ich weiß von Allem Bescheid. Da ist ein anderes Papier! Eine Anweisung auf Averdiek und Sohn, gut für zehn tausend Mark gleich nach Sicht zahlbar. Das gieb dem Manne und heiße ihn seiner Wege gehen. Es ist das Beste, was er thun kann."

„Pathe Bohnenberg!" sagte Lene, ihm die Schrift hinhaltend. Aber dieser riß ihr das Papier aus der Hand und warf einen prüfenden Blick auf dasselbe. Dann sah er die Anwesenden ingrimmig an und entfernte sich mit dem Rufe:

„Das gedenke ich Euch!"

Eberhard Lohse reichte dem Elias Brammer den Schuldbrief und sagte:

„Die Prisengelder, die der braune Wollkopf mir hinterließ, haben gerade ausgereicht, um das Papier einzulösen. Nun ist Er von einer schweren Last befreit und bleibt in Ehren bei der Stadt. Hört mich nun gütig an, Ihr beiden Alten und laßt auch das gelten, was nicht gesprochen wird. Das Herz sitzt mir auf der Zunge, aber das Wort will nicht herunter. Soll ich die Lene haben?"

Elias Brammer zögerte noch; aber die Frau rief laut: „Ja, ja! Und tausend Mal, ja!"

„Lene!" rief Eberhard Lohse. „Ich höre Tritte draußen. Das ist mein Vater und meine Mutter. Sie sind gekommen, um sich über das Glück ihres Sohnes zu freuen. Elias Brammer! Sprich, alter Mann! Sind sie vergebens da?"

„Nein, mein Junge", sagte dieser. „Nimm hin die Lene. Ich bin Dir noch Genugthuung schuldig von der Reeperbahn her. Da hast Du sie!"

Er führte ihm die Lene zu und ging den Eintretenden entgegen.

———

Sechs Wochen waren in's Land gegangen. Der Laden zum gelben Galion, worin Herr Elias Brammer scharwerkte von früh bis spät, hatte einen neuen

Anstrich bekommen und strahlte im frühern Glanz. Eine fröhliche Hochzeit ward in der geräumigen Hinterstube gehalten und das junge Paar hatte sich in den obern Zimmern behaglich eingerichtet. Aber des Seemanns Rast ist nur eine Vorbereitung auf künftige Unruhe.

Lieutenant Eberhard Lohse hatte sich in Amsterdam mit gewichtigen Empfehlungen versehen und in Folge dessen ward ihm das Commando einer Bark vertraut, die auf dem Neptunswerft gebaut und vor einigen Tagen vom Stapel gelassen worden war.

„Es ist Alles richtig!" sagte Eberhard Lohse, bei seiner jungen Frau eintretend. „Ich habe meine Capitainschaft in der Tasche und die Rhederei gestattet, daß Du mich begleiten darfst. Das wird eine lustige Fahrt werden, Lene. Nun aber komm mit. Das Schiff liegt noch an dem Werft und Du sollst den Schauplatz sehen, wo Du für's Erste hausen wirst."

Der Werftherr war von dem Besuch des jungen Capitains unterrichtet und hatte Alles in Stand setzen lassen. Dunkelschön und Maienblüthe standen auf dem Halbdeck zum Empfange der Kinder bereit. Zu ihnen gesellten sich Herr und Frau Brammer. Von der

Gaffel wehte die Hamburger Flagge und ein langer, rother Wimpel züngelte von dem großen Topp in die blaue Luft hinein.

Am Eingange zum Werft stand der Herr desselben, um seinen Gast zu empfangen. Dieser schüttelte ihm die Hand und sagte lachend:

"Meiner Seele, Herr, nach der Art und Weise, wie Ihr mich einst entließet, hatte ich kaum auf einen solchen Empfang gerechnet. Ihr seht, das Kostgeld, welches Ihr acht Tage lang bei dem alten Pfingstmeier für mich zahltet, haben Früchte getragen."

"Ich verstehe nicht, Capitain", entgegnete Jener, "was diese Worte bedeuten."

"Will es glauben, da ich gewachsen bin, seitdem ich die Kochtöpfe der alten Möller nicht mehr trage. Wenn wir nachher in der Kajüte traulich beisammen sitzen, lege ich die Lösung des Räthsels in Eure Hand. Nun, da liegt das Schiff mit Flagge und Wimpel im schillernden Farbenschmuck. Schaue es Dir an, Lene, und sage, ob Du Dir getraust, dasselbe zu Deiner Heimath zu wählen?"

"Mit Dir vereint bis an das Ende der Tage!" antwortete sie mit leuchtenden Augen.

Auf einen Wink des Werftherrn bemannten sich die Raaen mit sonntäglich gekleideten Matrosen und Schiffszimmerleuten, die das junge Paar mit einem donnernden Hurrah empfingen.

Flagge und Wimpel flatterten fröhlich im Winde und als Lene das Verdeck betrat, regnete aus den Marsen eine Fülle von Blumen auf sie herab.

Im Verlage von **Otto Janke** in Berlin erschienen ferner folgende Romane, welche durch jede Buchhandlung zu beziehen sind:

George Hesekiel, Vor Jena. Roman. 2 Bde. Geh. 2 Thlr.

— — Von Jena nach Königsberg. (Erste Fortsetzung des vorstehenden Romans.) 3 Bde. Geh. 4 Thlr.

— — Bis nach Hohen-Zieritz. (Zweite Fortsetzung des Romans „Vor Jena.") 3 Bde. Geh. 4 Thlr.

— — Stille vor dem Sturm. (Fortsetzung der Romane „Vor Jena" — „Von Jena nach Königsberg" — „Bis nach Hohen-Zieritz." 3 Bde. Geh. 4 Thlr.

— — Krummensee. Historischer Roman.
  I. Ueber den Rhein nach Paris. 3 Bde. Geh. 4 Thlr. 15 Sgr.
  II. Heimkehr und Wiederkunft. 3 Bde. Geh. 4 Thlr. 15 Sgr.

— — Aus drei Kaiserzeiten. Historischer Roman in 3 Abtheilungen.
  I. Bei Kaiser Karl's Leben. 2 Bde. Geh. 3 Thlr.
  II. Unter Maria Theresia. 2 Bde. Geh. 3 Thlr.
  III. Zu Kaiser Joseph's Tagen. 2 Bde. Geh. 3 Thlr.

— — Ein Graf von Königsmarck. 3 Bde. Geh. 4 Thlr.

— — Lux et Umbra. Ein großer Liebeshandel im 16. Jahrh. 2 Bde. Geh. 4 Thlr.

— — Schlichte Geschichten. 2 Bde. Geh. 2 Thlr. 15 Sgr.

— — Der Patricier und sein Haus. Eine Nürnbergische Geschichte. 3 Bde. Geh. 1 Thlr. 15 Sgr.

— — Die Stadtjunker. Eine Ulmische Geschichte. 2 Bde. Geh. 1 Thlr.

— — Die Zunftgenossen. Eine Augsburg. Geschichte. 2 Bde. Geh. 1 Thlr.

— — Ein nachgeborner Prinz. Zweite Ausg. 3 Bde. 2 Thlr.

— — Graf d'Anéthan d'Entragues. Histor. Roman. 4 Bde. Geh. 2 Thlr.

— — Schmal geweckt. Geschichten und Novellen. 2 Bde. 1 Thlr.

— — Unter dem Eisenzahn. Brandenburg. Roman. 3 Bde. Geh. 4 Thlr.

Druck der Hofbuchdruckerei (H. A. Pierer) in Altenburg.

www.ingramcontent.com/pod-product-compliance
Lightning Source LLC
Chambersburg PA
CBHW021350230426
43666CB00006B/473